T&P BOOKS

HEBRAICO

VOCABULÁRIO

PALAVRAS MAIS ÚTEIS

PORTUGUÊS HEBRAICO

Para alargar o seu léxico e apurar
as suas competências linguísticas

3000 palavras

Vocabulário Português-Hebraico - 3000 palavras

Por Andrey Taranov

Os vocabulários da T&P Books destinam-se a ajudar a aprender, a memorizar, e a rever palavras estrangeiras. O dicionário é dividido em temas, cobrindo todas as principais esferas de atividades quotidianas, negócios, ciência, cultura, etc.

O processo de aprendizagem, utilizando os dicionários baseados em temáticas da T&P Books dá-lhe as seguintes vantagens:

- Informação de origem corretamente agrupada predetermina o sucesso em fases subsequentes da memorização de palavras
- Disponibilização de palavras derivadas da mesma raiz, o que permite a memorização de unidades de texto (em vez de palavras separadas)
- Pequenas unidades de palavras facilitam o processo de estabelecimento de vínculos associativos necessários para a consolidação do vocabulário
- O nível de conhecimento da língua pode ser estimado pelo número de palavras aprendidas

T&P Books Publishing
www.tpbooks.com

ISBN: 978-1-78716-431-4

Este livro também está disponível em formato E-book.
Por favor visite www.tpbooks.com ou as principais livrarias on-line.

VOCABULÁRIO HEBRAICO
palavras mais úteis

Os vocabulários da T&P Books destinam-se a ajudar a aprender, a memorizar, e a rever palavras estrangeiras. O vocabulário contém mais de 3000 palavras de uso comum organizadas tematicamente.

O vocabulário contém as palavras mais comummente usadas

Recomendado como adicional para qualquer curso de línguas

Satisfaz as necessidades dos iniciados e dos alunos avançados de línguas estrangeiras

Conveniente para o uso diário, sessões de revisão e atividades de auto-teste

Permite avaliar o seu vocabulário

Características especias do vocabulário

*   As palavras estão organizadas de acordo com o seu significado, e não por ordem alfabética
*   As palavras são apresentadas em três colunas para facilitar os processos de revisão e auto-teste
*   As palavras compostas são divididas em pequenos blocos para facilitar o processo de aprendizagem
*   O vocabulário oferece uma transcrição simples e adequada de cada palavra estrangeira

O vocabulário contém 101 tópicos incluindo:

Conceitos básicos, Números, Cores, Meses, Estações do ano, Unidades de medida, Roupas & Acessórios, Alimentos & Nutrição, Restaurante, Membros da Família, Parentes, Caráter, Sentimentos, Emoções, Doenças, Cidade, Passeios, Compras, Dinheiro, Casa, Lar, Escritório, Trabalho no Escritório, Importação & Exportação, Marketing, Pesquisa de Emprego, Desportos, Educação, Computador, Internet, Ferramentas, Natureza, Países, Nacionalidades e muito mais ...

TABELA DE CONTEÚDOS

GUIA DE PRONUNCIAÇÃO

Nome da letra	Letra	Exemplo Hebraico	Alfabeto fonético T&P	Exemplo Português
Aleph	א	אריה	[a], [ɑ:]	amar
	א	אחד	[ɛ], [ɛ:]	mover
	א	מָאָה	['] (hamza)	oclusiva glotal
Bet	ב	בית	[b]	barril
Guimel	ג	גמל	[g]	gosto
Guimel+geresh	ג'	ג'ונגל	[ʤ]	adjetivo
Dalet	ד	דג	[d]	dentista
He	ה	הר	[h]	[h] aspirada
Waw	ו	וסת	[v]	fava
Zayin	ז	זאב	[z]	sésamo
Zayin+geresh	ז'	ז'ורנל	[ʒ]	talvez
Het	ח	חוט	[x]	fricativa uvular surda
Tet	ט	טוב	[t]	tulipa
Yod	י	יום	[j]	géiser
Kaph	ך כ	כריש	[k]	kiwi
Lamed	ל	לחם	[l]	libra
Mem	ם מ	מלך	[m]	magnólia
Nun	ן נ	נר	[n]	natureza
Samek	ס	סוס	[s]	sanita
Ayin	ע	עין	[a], [ɑ:]	amar
	ע	תשעים	['] (ayn)	fricativa faríngea sonora
Pe	ף פ	פיל	[p]	presente
Tsade	ץ צ	צעצוע	[ʦ]	tsé-tsé
Tsade+geresh	צ'ץ'	צ'ק	[ʧ]	Tchau!
Qoph	ק	קוף	[k]	kiwi
Resh	ר	רכבת	[r]	[r] vibrante
Shin	ש	שלחן, עשרים	[s], [ʃ]	sanita, mês
Tav	ת	תפוז	[t]	tulipa

ABREVIATURAS
usadas no vocabulário

Abreviaturas do Português

adj	-	adjetivo
adv	-	advérbio
anim.	-	animado
conj.	-	conjunção
desp.	-	desporto
etc.	-	etecetra
ex.	-	por exemplo
f	-	nome feminino
f pl	-	feminino plural
fem.	-	feminino
inanim.	-	inanimado
m	-	nome masculino
m pl	-	masculino plural
m, f	-	masculino, feminino
masc.	-	masculino
mat.	-	matemática
mil.	-	militar
pl	-	plural
prep.	-	preposição
pron.	-	pronome
sb.	-	sobre
sing.	-	singular
v aux	-	verbo auxiliar
vi	-	verbo intransitivo
vi, vt	-	verbo intransitivo, transitivo
vr	-	verbo reflexivo
vt	-	verbo transitivo

Abreviaturas do Hebraico

ז	-	masculino
ז"ר	-	masculino plural
ז , נ	-	masculino, feminino
נ	-	feminino
נ"ר	-	feminino plural

CONCEITOS BÁSICOS

1. Pronomes

eu	ani	אֲנִי (ז, נ)
tu (masc.)	ata	אַתָּה (ז)
tu (fem.)	at	אַתְּ (נ)
ele	hu	הוּא (ז)
ela	hi	הִיא (נ)
nós	a'naxnu	אֲנַחְנוּ (ז, נ)
vocês (masc.)	atem	אַתֶּם (ז"ר)
vocês (fem.)	aten	אַתֶּן (נ"ר)
você (sing.)	ata, at	אַתָּה (ז), אַתְּ (נ)
você (pl)	atem, aten	אַתֶּם (ז"ר), אַתֶּן (נ"ר)
eles	hem	הֵם (ז"ר)
elas	hen	הֵן (נ"ר)

2. Cumprimentos. Saudações

Olá!	ʃalom!	שָׁלוֹם!
Bom dia! (formal)	ʃalom!	שָׁלוֹם!
Bom dia! (de manhã)	'boker tov!	בּוֹקֶר טוֹב!
Boa tarde!	tsaha'rayim tovim!	צָהֳרַיִם טוֹבִים!
Boa noite!	'erev tov!	עֶרֶב טוֹב!
cumprimentar (vt)	lomar ʃalom	לוֹמַר שָׁלוֹם
Olá!	hai!	הַיי!
saudação (f)	ahlan	אַהְלַן
saudar (vt)	lomar ʃalom	לוֹמַר שָׁלוֹם
Como vai?	ma ʃlomxa?	מַה שְׁלוֹמְךָ? (ז)
Como vais?	ma niʃma?	מַה נִשְׁמָע?
O que há de novo?	ma xadaʃ?	מַה חָדָשׁ?
Adeus! (formal)	lehitra'ot!	לְהִתְרָאוֹת!
Até à vista! (informal)	bai!	בַּיי!
Até breve!	lehitra'ot bekarov!	לְהִתְרָאוֹת בְּקָרוֹב!
Adeus!	lehitra'ot!	לְהִתְרָאוֹת!
despedir-se (vr)	lomar lehitra'ot	לוֹמַר לְהִתְרָאוֹת
Até logo!	bai!	בַּיי!
Obrigado! -a!	toda!	תּוֹדָה!
Muito obrigado! -a!	toda raba!	תּוֹדָה כַּבָּה!
De nada	bevakaʃa	בְּבַקָּשָׁה
Não tem de quê	al lo davar	עַל לֹא דָבָר
De nada	ein be'ad ma	אֵין בְּעַד מָה
Desculpa!	slixa!	סְלִיחָה!

Desculpe!	sliᵡa!	סליחה!
desculpar (vt)	lis'loaᵡ	לסלוֹח
desculpar-se (vr)	lehitnatsel	לְהִתְנַצֵּל
As minhas desculpas	ani mitnatsel, ani mitna'tselet	אֲנִי מִתְנַצֵּל (ז), אֲנִי מִתְנַצֶּלֶת (נ)
Desculpe!	ani mitsta'er, ani mitsta''eret	אֲנִי מִצְטַעֵר (ז), אֲנִי מִצְטַעֶרֶת (נ)
perdoar (vt)	lis'loaᵡ	לסלוֹח
Não faz mal	lo nora	לא נוֹרָא
por favor	bevakaʃa	בְּבַקָשָׁה
Não se esqueça!	al tiʃkaᵡ!	אַל תְּשְׁכַּח! (ז)
Certamente! Claro!	'betaᵡ!	בֶּטַח!
Claro que não!	'betaᵡ ʃelo!	בֶּטַח שֶׁלֹא!
Está bem! De acordo!	okei!	אוֹקֵיי!
Basta!	maspik!	מַסְפִּיק!

3. Questões

Quem?	mi?	מִי?
Que?	ma?	מָה?
Onde?	'eifo?	אֵיפֹה?
Para onde?	le'an?	לְאָן?
De onde?	me''eifo?	מֵאֵיפֹה?
Quando?	matai?	מָתַי?
Para quê?	'lama?	לָמָה?
Porquê?	ma'du'a?	מַדוּעַ?
Para quê?	biʃvil ma?	בְּשְׁבִיל מָה?
Como?	eiᵡ, keitsad?	כֵּיצַד? אֵיךְ?
Qual?	'eize?	אֵיזֶה?
Qual? (entre dois ou mais)	'eize?	אֵיזֶה?
A quem?	lemi?	לְמִי?
Sobre quem?	al mi?	עַל מִי?
Do quê?	al ma?	עַל מָה?
Com quem?	im mi?	עִם מִי?
Quanto, -os, -as?	'kama?	כַּמָה?
De quem?	ʃel mi?	שֶׁל מִי?

4. Preposições

com (prep.)	im	עִם
sem (prep.)	bli, lelo	בְּלִי, לְלֹא
a, para (exprime lugar)	le...	לְ...
sobre (ex. falar ~)	al	עַל
antes de ...	lifnei	לִפְנֵי
diante de ...	lifnei	לִפְנֵי
sob (debaixo de)	mi'taᵡat le...	מִתַחַת לְ...
sobre (em cima de)	me'al	מֵעַל
sobre (~ a mesa)	al	עַל

| de (vir ~ Lisboa) | mi, me | מ, מְ |
| de (feito ~ pedra) | mi, me | מ, מְ |

| dentro de (~ dez minutos) | toχ | תּוֹך |
| por cima de ... | 'dereχ | דֶרֶךְ |

5. Palavras funcionais. Advérbios. Parte 1

Onde?	'eifo?	אֵיפֹה?
aqui	po, kan	פֹּה, כָּאן
lá, ali	ʃam	שָׁם

| em algum lugar | 'eifo ʃehu | אֵיפֹה שֶׁהוּא |
| em lugar nenhum | beʃum makom | בְּשׁוּם מָקוֹם |

| ao pé de ... | leyad ... | לְיַד ... |
| ao pé da janela | leyad haχalon | לְיַד הַחַלּוֹן |

Para onde?	le'an?	לְאָן?
para cá	'hena, lekan	הֵנָה; לְכָאן
para lá	leʃam	לְשָׁם
daqui	mikan	מִכָּאן
de lá, dali	miʃam	מִשָּׁם

| perto | karov | קָרוֹב |
| longe | raχok | רָחוֹק |

perto de ...	leyad	לְיַד
ao lado de	karov	קָרוֹב
perto, não fica longe	lo raχok	לֹא רָחוֹק

esquerdo	smali	שְׂמָאלִי
à esquerda	mismol	מִשְׂמֹאל
para esquerda	'smola	שְׂמֹאלָה

direito	yemani	יְמָנִי
à direita	miyamin	מִיָּמִין
para direita	ya'mina	יָמִינָה

à frente	mika'dima	מִקָּדִימָה
da frente	kidmi	קִדְמִי
em frente (para a frente)	ka'dima	קָדִימָה

atrás de ...	me'aχor	מֵאָחוֹר
por detrás (vir ~)	me'aχor	מֵאָחוֹר
para trás	a'χora	אֲחוֹרָה

| meio (m), metade (f) | 'emtsa | אֶמְצַע (ז) |
| no meio | ba"emtsa | בָּאֶמְצַע |

de lado	mehatsad	מֵהַצַּד
em todo lugar	beχol makom	בְּכָל מָקוֹם
ao redor (olhar ~)	misaviv	מִסָּבִיב
de dentro	mibifnim	מִבִּפְנִים

para algum lugar	le'an ʃehu	לְאָן שֶׁהוּא
diretamente	yaʃar	יָשָׁר
de volta	baχazara	בַּחֲזָרָה
de algum lugar	me'ei ʃam	מֵאֵי שָׁם
de um lugar	me'ei ʃam	מֵאֵי שָׁם
em primeiro lugar	reʃit	רֵאשִׁית
em segundo lugar	ʃenit	שֵׁנִית
em terceiro lugar	ʃliʃit	שְׁלִישִׁית
de repente	pit'om	פִּתְאוֹם
no início	behatslaχa	בְּהַתְחָלָה
pela primeira vez	lariʃona	לָרִאשׁוֹנָה
muito antes de ...	zman rav lifnei ...	זְמַן רַב לְפָנֵי ...
de novo, novamente	meχadaʃ	מֵחָדָשׁ
para sempre	letamid	לְתָמִיד
nunca	af 'pa'am, me'olam	מֵעוֹלָם, אַף פַּעַם
de novo	ʃuv	שׁוּב
agora	aχʃav, ka'et	עַכְשָׁיו, כָּעֵת
frequentemente	le'itim krovot	לְעִיתִים קְרוֹבוֹת
então	az	אָז
urgentemente	bidχifut	בִּדְחִיפוּת
usualmente	be'dereχ klal	בְּדֶרֶךְ כְּלָל
a propósito, ...	'dereχ 'agav	דֶּרֶךְ אַגַּב
é possível	eʃʃari	אֶפְשָׁרִי
provavelmente	kanir'e	כַּנִּרְאָה
talvez	ulai	אוּלַי
além disso, ...	χuts mize ...	חוּץ מִזֶּה ...
por isso ...	laχen	לָכֵן
apesar de ...	lamrot ...	לַמְרוֹת ...
graças a ...	hodot le...	הוֹדוֹת לְ...
que (pron.)	ma	מָה
que (conj.)	ʃe	שֶׁ
algo	'maʃehu	מַשֶּׁהוּ
alguma coisa	'maʃehu	מַשֶּׁהוּ
nada	klum	כְּלוּם
quem	mi	מִי
alguém (~ teve uma ideia ...)	'miʃehu, 'miʃehi	מִישֶׁהוּ (ז), מִישֶׁהִי (נ)
alguém	'miʃehu, 'miʃehi	מִישֶׁהוּ (ז), מִישֶׁהִי (נ)
ninguém	af eχad, af aχat	אַף אֶחָד (ז), אַף אַחַת (נ)
para lugar nenhum	leʃum makom	לְשׁוּם מָקוֹם
de ninguém	lo ʃayaχ le'af eχad	לֹא שַׁיָּךְ לְאַף אֶחָד
de alguém	ʃel 'miʃehu	שֶׁל מִישֶׁהוּ
tão	kol kaχ	כָּל־כָּךְ
também (gostaria ~ de ...)	gam	גַּם
também (~ eu)	gam	גַּם

6. Palavras funcionais. Advérbios. Parte 2

Porquê?	ma'du'a?	מַדּוּעַ?
por alguma razão	miʃum ma	מִשּׁוּם־מָה
porque ...	miʃum ʃe	מִשּׁוּם שֶׁ
por qualquer razão	lematara 'kolʃehi	לְמַטָּרָה כָּלְשֶׁהִי
e (tu ~ eu)	ve ...	וְ ...
ou (ser ~ não ser)	o	אוֹ
mas (porém)	aval, ulam	אֲבָל, אוּלָם
para (~ a minha mãe)	biʃvil	בִּשְׁבִיל
demasiado, muito	yoter midai	יוֹתֵר מִדַּי
só, somente	rak	רַק
exatamente	bediyuk	בְּדִיּוּק
cerca de (~ 10 kg)	be"ereχ	בְּעֵרֶךְ
aproximadamente	be"ereχ	בְּעֵרֶךְ
aproximado	meʃo'ar	מְשֹׁעָר
quase	kim'at	כִּמְעַט
resto (m)	ʃe'ar	שְׁאָר (ז)
o outro (segundo)	aχer	אַחֵר
outro	aχer	אַחֵר
cada	kol	כֹּל
qualquer	kolʃehu	כָּלְשֶׁהוּ
muitos, muitas	harbe	הַרְבֵּה
muito	harbe	הַרְבֵּה
muitas pessoas	harbe	הַרְבֵּה
todos	kulam	כּוּלָם
em troca de ...	tmurat ...	תְּמוּרַת ...
em troca	bitmura	בִּתְמוּרָה
à mão	bayad	בַּיָּד
pouco provável	safek im	סָפֵק אִם
provavelmente	karov levadai	קָרוֹב לְוַודַּאי
de propósito	'davka	דַּוְוקָא
por acidente	bemikre	בְּמִקְרֶה
muito	me'od	מְאֹד
por exemplo	lemaʃal	לְמָשָׁל
entre	bein	בֵּין
entre (no meio de)	be'kerev	בְּקֶרֶב
tanto	kol kaχ harbe	כָּל־כָּךְ הַרְבֵּה
especialmente	bimyuχad	בִּמְיוּחָד

NÚMEROS. DIVERSOS

7. Números cardinais. Parte 1

zero	'efes	אֶפֶס (ז)
um	eχad	אֶחָד (ז)
uma	aχat	אַחַת (נ)
dois	'ʃtayim	שְׁתַּיִם (נ)
três	ʃaloʃ	שָׁלוֹשׁ (נ)
quatro	arba	אַרְבַּע (נ)
cinco	χameʃ	חָמֵשׁ (נ)
seis	ʃeʃ	שֵׁשׁ (נ)
sete	'ʃeva	שֶׁבַע (נ)
oito	'ʃmone	שְׁמוֹנֶה (נ)
nove	'teʃa	תֵּשַׁע (נ)
dez	'eser	עֶשֶׂר (נ)
onze	aχat esre	אַחַת-עֶשְׂרֵה (נ)
doze	ʃteim esre	שְׁתֵּים-עֶשְׂרֵה (נ)
treze	ʃloʃ esre	שְׁלוֹשׁ-עֶשְׂרֵה (נ)
catorze	arba esre	אַרְבַּע-עֶשְׂרֵה (נ)
quinze	χameʃ esre	חָמֵשׁ-עֶשְׂרֵה (נ)
dezasseis	ʃeʃ esre	שֵׁשׁ-עֶשְׂרֵה (נ)
dezassete	ʃva esre	שְׁבַע-עֶשְׂרֵה (נ)
dezoito	ʃmone esre	שְׁמוֹנֶה-עֶשְׂרֵה (נ)
dezanove	tʃa esre	תְּשַׁע-עֶשְׂרֵה (נ)
vinte	esrim	עֶשְׂרִים
vinte e um	esrim ve'eχad	עֶשְׂרִים וְאֶחָד
vinte e dois	esrim u'ʃnayim	עֶשְׂרִים וּשְׁנַיִם
vinte e três	esrim uʃloʃa	עֶשְׂרִים וּשְׁלוֹשָׁה
trinta	ʃloʃim	שְׁלוֹשִׁים
trinta e um	ʃloʃim ve'eχad	שְׁלוֹשִׁים וְאֶחָד
trinta e dois	ʃloʃim u'ʃnayim	שְׁלוֹשִׁים וּשְׁנַיִם
trinta e três	ʃloʃim uʃloʃa	שְׁלוֹשִׁים וּשְׁלוֹשָׁה
quarenta	arba'im	אַרְבָּעִים
quarenta e um	arba'im ve'eχad	אַרְבָּעִים וְאֶחָד
quarenta e dois	arba'im u'ʃnayim	אַרְבָּעִים וּשְׁנַיִם
quarenta e três	arba'im uʃloʃa	אַרְבָּעִים וּשְׁלוֹשָׁה
cinquenta	χamiʃim	חֲמִישִׁים
cinquenta e um	χamiʃim ve'eχad	חֲמִישִׁים וְאֶחָד
cinquenta e dois	χamiʃim u'ʃnayim	חֲמִישִׁים וּשְׁנַיִם
cinquenta e três	χamiʃim uʃloʃa	חֲמִישִׁים וּשְׁלוֹשָׁה
sessenta	ʃiʃim	שִׁישִׁים
sessenta e um	ʃiʃim ve'eχad	שִׁישִׁים וְאֶחָד

sessenta e dois	ʃiʃim u'ʃnayim	שִׁישִׁים וּשְׁנַיִים
sessenta e três	ʃiʃim uʃloʃa	שִׁישִׁים וּשְׁלוֹשָׁה
setenta	ʃiv'im	שִׁבְעִים
setenta e um	ʃiv'im ve'eχad	שִׁבְעִים וְאָחָד
setenta e dois	ʃiv'im u'ʃnayim	שִׁבְעִים וּשְׁנַיִים
setenta e três	ʃiv'im uʃloʃa	שִׁבְעִים וּשְׁלוֹשָׁה
oitenta	ʃmonim	שְׁמוֹנִים
oitenta e um	ʃmonim ve'eχad	שְׁמוֹנִים וְאָחָד
oitenta e dois	ʃmonim u'ʃnayim	שְׁמוֹנִים וּשְׁנַיִים
oitenta e três	ʃmonim uʃloʃa	שְׁמוֹנִים וּשְׁלוֹשָׁה
noventa	tiʃim	תִּשְׁעִים
noventa e um	tiʃim ve'eχad	תִּשְׁעִים וְאָחָד
noventa e dois	tiʃim u'ʃayim	תִּשְׁעִים וּשְׁנַיִים
noventa e três	tiʃim uʃloʃa	תִּשְׁעִים וּשְׁלוֹשָׁה

8. Números cardinais. Parte 2

cem	'me'a	מֵאָה (נ)
duzentos	ma'tayim	מָאתַיִים
trezentos	ʃloʃ me'ot	שְׁלוֹשׁ מֵאוֹת (נ)
quatrocentos	arba me'ot	אַרְבַּע מֵאוֹת (נ)
quinhentos	χameʃ me'ot	חָמֵשׁ מֵאוֹת (נ)
seiscentos	ʃeʃ me'ot	שֵׁשׁ מֵאוֹת (נ)
setecentos	ʃva me'ot	שְׁבַע מֵאוֹת (נ)
oitocentos	ʃmone me'ot	שְׁמוֹנֶה מֵאוֹת (נ)
novecentos	tʃa me'ot	תֵּשַׁע מֵאוֹת (נ)
mil	'elef	אֶלֶף (ז)
dois mil	al'payim	אַלְפַּיִים (ז)
De quem são ...?	'ʃloʃet alafim	שְׁלוֹשֶׁת אֲלָפִים (ז)
dez mil	a'seret alafim	עֲשֶׂרֶת אֲלָפִים (ז)
cem mil	'me'a 'elef	מֵאָה אֶלֶף (ז)
um milhão	milyon	מִילְיוֹן (ז)
mil milhões	milyard	מִילְיַארְד (ז)

9. Números ordinais

primeiro	riʃon	רִאשׁוֹן
segundo	ʃeni	שֵׁנִי
terceiro	ʃliʃi	שְׁלִישִׁי
quarto	revi'i	רְבִיעִי
quinto	χamiʃi	חֲמִישִׁי
sexto	ʃiʃi	שִׁישִׁי
sétimo	ʃvi'i	שְׁבִיעִי
oitavo	ʃmini	שְׁמִינִי
nono	tʃi'i	תְּשִׁיעִי
décimo	asiri	עֲשִׂירִי

CORES. UNIDADES DE MEDIDA

10. Cores

cor (f)	'tseva	צֶבַע (ז)
matiz (m)	gavan	גָּוֶן (ז)
tom (m)	gavan	גָּוֶן (ז)
arco-íris (m)	'keʃet	קֶשֶׁת (נ)
branco	lavan	לָבָן
preto	ʃaχor	שָׁחוֹר
cinzento	afor	אָפוֹר
verde	yarok	יָרוֹק
amarelo	tsahov	צָהוֹב
vermelho	adom	אָדוֹם
azul	kaχol	כָּחוֹל
azul claro	taχol	תְּכֵלֶת
rosa	varod	וָרוֹד
laranja	katom	כָּתוֹם
violeta	segol	סָגוֹל
castanho	χum	חוּם
dourado	zahov	זָהוֹב
prateado	kasuf	כָּסוּף
bege	beʒ	בֶּז'
creme	be'tseva krem	בְּצֶבַע קְרֶם
turquesa	turkiz	טוּרְקִיז
vermelho cereja	bordo	בּוֹרְדוֹ
lilás	segol	סָגוֹל
carmesim	patol	פָטוֹל
claro	bahir	בָּהִיר
escuro	kehe	כֵּהֶה
vivo	bohek	בּוֹהֵק
de cor	tsiv'oni	צִבְעוֹנִי
a cores	tsiv'oni	צִבְעוֹנִי
preto e branco	ʃaχor lavan	שָׁחוֹר-לָבָן
unicolor	χad tsiv'i	חַד-צִבְעִי
multicor	sasgoni	סַסְגּוֹנִי

11. Unidades de medida

peso (m)	miʃkal	מִשְׁקָל (ז)
comprimento (m)	'oreχ	אוֹרֶךְ (ז)

largura (f)	'roxav	בּוֹחַר (ז)
altura (f)	'gova	גּוֹבַהּ (ז)
profundidade (f)	'omek	עוֹמֶק (ז)
volume (m)	'nefax	נֶפַח (ז)
área (f)	ʃetax	שֶׁטַח (ז)

grama (m)	gram	גְּרָם (ז)
miligrama (m)	miligram	מִילִיגְרָם (ז)
quilograma (m)	kilogram	קִילוֹגְרָם (ז)
tonelada (f)	ton	טוֹן (ז)
libra (453,6 gramas)	'paʾund	פָּאוּנְד (ז)
onça (f)	'unkiya	אוֹנְקִיָּה (נ)

metro (m)	'meter	מֶטֶר (ז)
milímetro (m)	mili'meter	מִילִימֶטֶר (ז)
centímetro (m)	senti'meter	סֶנְטִימֶטֶר (ז)
quilómetro (m)	kilo'meter	קִילוֹמֶטֶר (ז)
milha (f)	mail	מַייל (ז)

polegada (f)	intʃ	אִינְצ' (ז)
pé (304,74 mm)	'regel	רֶגֶל (נ)
jarda (914,383 mm)	yard	יַרְד (ז)

| metro (m) quadrado | 'meter ra'vuʿa | מֶטֶר רָבוּעַ (ז) |
| hectare (m) | hektar | הֶקְטָר (ז) |

litro (m)	litr	לִיטֶר (ז)
grau (m)	maʿala	מַעֲלָה (נ)
volt (m)	volt	ווֹלְט (ז)
ampere (m)	amper	אַמְפֵּר (ז)
cavalo-vapor (m)	'koax sus	כּוֹחַ סוּס (ז)

quantidade (f)	kamut	כַּמּוּת (נ)
um pouco de …	kʦat …	קְצָת ...
metade (f)	'xeʦi	חֲצִי (ז)
dúzia (f)	tresar	תְּרֵיסָר (ז)
peça (f)	yexida	יְחִידָה (נ)

| dimensão (f) | 'godel | גּוֹדֶל (ז) |
| escala (f) | kne mida | קְנֵה מִידָה (ז) |

mínimo	mini'mali	מִינִימָאלִי
menor, mais pequeno	hakatan beyoter	הַקָּטָן בְּיוֹתֵר
médio	memuʦa	מְמוּצָע
máximo	maksi'mali	מַקְסִימָלִי
maior, mais grande	hagadol beyoter	הַגָּדוֹל בְּיוֹתֵר

12. Recipientes

boião (m) de vidro	ʦinʦenet	צִנְצֶנֶת (נ)
lata (~ de cerveja)	paxit	פַּחִית (נ)
balde (m)	dli	דְּלִי (ז)
barril (m)	xavit	חָבִית (נ)
bacia (~ de plástico)	gigit	גִּיגִית (נ)

tanque (m)	meiχal	מֵיכָל (ז)
cantil (m) de bolso	meimiya	מֵימִיָה (נ)
bidão (m) de gasolina	'dʒerikan	גֶ׳רִיקָן (ז)
cisterna (f)	meχalit	מֵיכָלִית (נ)
caneca (f)	'sefel	סֵפֶל (ז)
chávena (f)	'sefel	סֵפֶל (ז)
pires (m)	taχtit	תַחְתִית (נ)
copo (m)	kos	כּוֹס (נ)
taça (f) de vinho	ga'vi'a	גָבִיעַ (ז)
panela, caçarola (f)	sir	סִיר (ז)
garrafa (f)	bakbuk	בַּקְבּוּק (ז)
gargalo (m)	tsavar habakbuk	צַוַואר הַבַּקְבּוּק (ז)
jarro, garrafa (f)	kad	כַּד (ז)
jarro (m) de barro	kankan	קַנְקָן (ז)
recipiente (m)	kli	כְּלִי (ז)
pote (m)	sir 'χeres	סִיר חֶרֶס (ז)
vaso (m)	agartal	אֲגַרְטָל (ז)
frasco (~ de perfume)	tsloχit	צְלוֹחִית (נ)
frasquinho (ex. ~ de iodo)	bakbukon	בַּקְבּוּקוֹן (ז)
tubo (~ de pasta dentífrica)	ʃfo'feret	שְפוֹפֶרֶת (נ)
saca (ex. ~ de açúcar)	sak	שַׂק (ז)
saco (~ de plástico)	sakit	שַׂקִית (נ)
maço (m)	χafisa	חֲפִיסָה (נ)
caixa (~ de sapatos, etc.)	kufsa	קוּפְסָה (נ)
caixa (~ de madeira)	argaz	אַרְגָז (ז)
cesta (f)	sal	סַל (ז)

VERBOS PRINCIPAIS

13. Os verbos mais importantes. Parte 1

abrir (vt)	lif'toaχ	לִפְתּוֹחַ
acabar, terminar (vt)	lesayem	לְסַיֵּם
aconselhar (vt)	leya'ets	לְיָעֵץ
adivinhar (vt)	lenaχeʃ	לְנַחֵשׁ
advertir (vt)	lehazhir	לְהַזְהִיר
ajudar (vt)	la'azor	לַעֲזוֹר
alugar (~ um apartamento)	liskor	לִשְׂכּוֹר
amar (vt)	le'ehov	לֶאֱהוֹב
ameaçar (vt)	le'ayem	לְאַיֵּם
anotar (escrever)	lirʃom	לִרְשׁוֹם
apanhar (vt)	litfos	לִתְפּוֹס
apressar-se (vr)	lemaher	לְמַהֵר
arrepender-se (vr)	lehitsta'er	לְהִצְטַעֵר
assinar (vt)	laχtom	לַחְתּוֹם
atirar, disparar (vi)	lirot	לִירוֹת
brincar (vi)	lehitba'deaχ	לְהִתְבַּדֵּחַ
brincar, jogar (crianças)	lesaχek	לְשַׂחֵק
buscar (vt)	leχapes	לְחַפֵּשׂ
caçar (vi)	latsud	לָצוּד
cair (vi)	lipol	לִיפּוֹל
cavar (vt)	laχpor	לַחְפּוֹר
cessar (vt)	lehafsik	לְהַפְסִיק
chamar (~ por socorro)	likro	לִקְרוֹא
chegar (vi)	leha'gi'a	לְהַגִּיעַ
chorar (vi)	livkot	לִבְכּוֹת
começar (vt)	lehatχil	לְהַתְחִיל
comparar (vt)	lehaʃvot	לְהַשְׁווֹת
compreender (vt)	lehavin	לְהָבִין
concordar (vi)	lehaskim	לְהַסְכִּים
confiar (vt)	liv'toaχ	לִבְטוֹחַ
confundir (equivocar-se)	lehitbalbel	לְהִתְבַּלְבֵּל
conhecer (vt)	lehakir et	לְהַכִּיר אֶת
contar (fazer contas)	lispor	לִסְפּוֹר
contar com (esperar)	lismoχ al	לִסְמוֹךְ עַל
continuar (vt)	lehamʃiχ	לְהַמְשִׁיךְ
controlar (vt)	liʃlot	לִשְׁלוֹט
convidar (vt)	lehazmin	לְהַזְמִין
correr (vi)	laruts	לָרוּץ
criar (vt)	litsor	לִיצוֹר
custar (vt)	la'alot	לַעֲלוֹת

14. Os verbos mais importantes. Parte 2

dar (vt)	latet	לָתֵת
dar uma dica	lirmoz	לִרְמוֹז
decorar (enfeitar)	lekaʃet	לְקַשֵּׁט
defender (vt)	lehagen	לְהָגֵן
deixar cair (vt)	lehapil	לְהַפִּיל
descer (para baixo)	la'redet	לָרֶדֶת
desculpar (vt)	lis'loaχ	לִסְלוֹחַ
desculpar-se (vr)	lehitnatsel	לְהִתְנַצֵּל
dirigir (~ uma empresa)	lenahel	לְנַהֵל
discutir (notícias, etc.)	ladun	לָדוּן
dizer (vt)	lomar	לוֹמַר
duvidar (vt)	lefakpek	לְפַקְפֵּק
encontrar (achar)	limtso	לִמְצוֹא
enganar (vt)	leramot	לְרַמּוֹת
entrar (na sala, etc.)	lehikanes	לְהִיכָּנֵס
enviar (uma carta)	liʃ'loaχ	לִשְׁלוֹחַ
errar (equivocar-se)	lit'ot	לִטְעוֹת
escolher (vt)	livχor	לִבְחוֹר
esconder (vt)	lehastir	לְהַסְתִּיר
escrever (vt)	liχtov	לִכְתּוֹב
esperar (o autocarro, etc.)	lehamtin	לְהַמְתִּין
esperar (ter esperança)	lekavot	לְקַוּוֹת
esquecer (vt)	liʃ'koaχ	לִשְׁכּוֹחַ
estar (vi)	lihyot	לִהְיוֹת
estudar (vt)	lilmod	לִלְמוֹד
exigir (vt)	lidroʃ	לִדְרוֹשׁ
existir (vi)	lehitkayem	לְהִתְקַיֵּים
explicar (vt)	lehasbir	לְהַסְבִּיר
falar (vi)	ledaber	לְדַבֵּר
faltar (clases, etc.)	lehaχsir	לְהַחְסִיר
fazer (vt)	la'asot	לַעֲשׂוֹת
ficar em silêncio	liʃtok	לִשְׁתּוֹק
gabar-se, jactar-se (vr)	lehitravrev	לְהִתְרַבְרֵב
gritar (vi)	lits'ok	לִצְעוֹק
guardar (cartas, etc.)	liʃmor	לִשְׁמוֹר
informar (vt)	leho'dia	לְהוֹדִיעַ
insistir (vi)	lehit'akeʃ	לְהִתְעַקֵּשׁ
insultar (vt)	leha'aliv	לְהַעֲלִיב
interessar-se (vr)	lehit'anyen be...	...בְּ לְהִתְעַנְיֵין
ir (a pé)	la'leχet	לָלֶכֶת
ir nadar	lehitraχets	לְהִתְרַחֵץ
jantar (vi)	le'eχol aruχat 'erev	לֶאֱכוֹל אֲרוּחַת עֶרֶב

15. Os verbos mais importantes. Parte 3

ler (vt)	likro	לִקְרוֹא
libertar (cidade, etc.)	leʃaxrer	לְשַׁחְרֵר
matar (vt)	laharog	לַהֲרוֹג
mencionar (vt)	lehazkir	לְהַזְכִּיר
mostrar (vt)	lehar'ot	לְהַרְאוֹת
mudar (modificar)	leʃanot	לְשַׁנּוֹת
nadar (vi)	lisxot	לִשְׂחוֹת
negar-se a …	lesarev	לְסָרֵב
objetar (vt)	lehitnaged	לְהִתְנַגֵּד
observar (vt)	litspot, lehaʃkif	לִצְפּוֹת, לְהַשְׁקִיף
ordenar (mil.)	lifkod	לִפְקוֹד
ouvir (vt)	liʃmo'a	לִשְׁמוֹעַ
pagar (vt)	leʃalem	לְשַׁלֵּם
parar (vi)	la'atsor	לַעֲצוֹר
participar (vi)	lehiʃtatef	לְהִשְׁתַּתֵּף
pedir (comida)	lehazmin	לְהַזְמִין
pedir (um favor, etc.)	levakeʃ	לְבַקֵּשׁ
pegar (tomar)	la'kaxat	לָקַחַת
pensar (vt)	laxʃov	לַחְשׁוֹב
perceber (ver)	lasim lev	לָשִׂים לֵב
perdoar (vt)	lis'loax	לִסְלוֹחַ
perguntar (vt)	liʃol	לִשְׁאוֹל
permitir (vt)	leharʃot	לְהַרְשׁוֹת
pertencer a …	lehiʃtayex	לְהִשְׁתַּיֵּךְ
planear (vt)	letaxnen	לְתַכְנֵן
poder (vi)	yaxol	יָכוֹל
possuir (vt)	lihyot 'ba'al ʃel	לִהְיוֹת בַּעַל שֶׁל
preferir (vt)	leha'adif	לְהַעֲדִיף
preparar (vt)	levaʃel	לְבַשֵּׁל
prever (vt)	laxazot	לַחֲזוֹת
prometer (vt)	lehav'tiax	לְהַבְטִיחַ
pronunciar (vt)	levate	לְבַטֵּא
propor (vt)	leha'tsi'a	לְהַצִּיעַ
punir (castigar)	leha'aniʃ	לְהַעֲנִישׁ

16. Os verbos mais importantes. Parte 4

quebrar (vt)	liʃbor	לִשְׁבּוֹר
queixar-se (vr)	lehitlonen	לְהִתְלוֹנֵן
querer (desejar)	lirtsot	לִרְצוֹת
recomendar (vt)	lehamlits	לְהַמְלִיץ
repetir (dizer outra vez)	laxazor al	לַחֲזוֹר עַל
repreender (vt)	linzof	לִנְזוֹף
reservar (~ um quarto)	lehazmin meroʃ	לְהַזְמִין מֵרֹאשׁ

responder (vt)	la'anot	לַעֲנוֹת
rezar, orar (vi)	lehitpalel	לְהִתְפַּלֵּל
rir (vi)	litsχok	לִצְחוֹק
roubar (vt)	lignov	לִגְנוֹב
saber (vt)	la'da'at	לָדַעַת
sair (~ de casa)	latset	לָצֵאת
salvar (vt)	lehatsil	לְהַצִּיל
seguir ...	la'akov aχarei	לַעֲקוֹב אַחֲרֵי
sentar-se (vr)	lehityaʃev	לְהִתְיַשֵּׁב
ser (vi)	lihyot	לִהְיוֹת
ser necessário	lehidareʃ	לְהִידָרֵשׁ
significar (vt)	lomar	לוֹמַר
sorrir (vi)	leχayeχ	לְחַיֵּךְ
subestimar (vt)	leham'it be''ereχ	לְהַמְעִיט בְּעֵרֶךְ
surpreender-se (vr)	lehitpale	לְהִתְפַּלֵּא
tentar (vt)	lenasot	לְנַסּוֹת
ter (vt)	lehaχzik	לְהַחְזִיק
ter fome	lihyot ra'ev	לִהְיוֹת רָעֵב
ter medo	lefaχed	לְפַחֵד
ter sede	lihyot tsame	לִהְיוֹת צָמֵא
tocar (com as mãos)	la'ga'at	לָגַעַת
tomar o pequeno-almoço	le'eχol aruχat 'boker	לֶאֱכוֹל אֲרוּחַת בּוֹקֶר
trabalhar (vi)	la'avod	לַעֲבוֹד
traduzir (vt)	letargem	לְתַרְגֵּם
unir (vt)	le'aχed	לְאַחֵד
vender (vt)	limkor	לִמְכּוֹר
ver (vt)	lir'ot	לִרְאוֹת
virar (ex. ~ à direita)	lifnot	לִפְנוֹת
voar (vi)	la'uf	לָעוּף

TEMPO. CALENDÁRIO

17. Dias da semana

segunda-feira (f)	yom ʃeni	יוֹם שֵׁנִי (ז)
terça-feira (f)	yom ʃliʃi	יוֹם שְׁלִישִׁי (ז)
quarta-feira (f)	yom reviʻi	יוֹם רְבִיעִי (ז)
quinta-feira (f)	yom χamiʃi	יוֹם חֲמִישִׁי (ז)
sexta-feira (f)	yom ʃiʃi	יוֹם שִׁישִׁי (ז)
sábado (m)	ʃabat	שַׁבָּת (נ)
domingo (m)	yom riʃon	יוֹם רִאשׁוֹן (ז)
hoje	hayom	הַיּוֹם
amanhã	maχar	מָחָר
depois de amanhã	maχara'tayim	מָחֳרָתַיִים
ontem	etmol	אֶתְמוֹל
anteontem	ʃilʃom	שִׁלְשׁוֹם
dia (m)	yom	יוֹם (ז)
dia (m) de trabalho	yom avoda	יוֹם עֲבוֹדָה (ז)
feriado (m)	yom χag	יוֹם חַג (ז)
dia (m) de folga	yom menuχa	יוֹם מְנוּחָה (ז)
fim (m) de semana	sof ʃa'vuʻa	סוֹף שָׁבוּעַ
o dia todo	kol hayom	כָּל הַיּוֹם
no dia seguinte	lamaχarat	לַמָּחֳרָת
há dois dias	lifnei yo'mayim	לִפְנֵי יוֹמַיִים
na véspera	'erev	עֶרֶב
diário	yomyomi	יוֹמְיוֹמִי
todos os dias	midei yom	מְדֵי יוֹם
semana (f)	ʃa'vua	שָׁבוּעַ (ז)
na semana passada	baʃa'vuʻa ʃe'avar	בַּשָּׁבוּעַ שֶׁעָבַר
na próxima semana	baʃa'vuʻa haba	בַּשָּׁבוּעַ הַבָּא
semanal	ʃvuʻi	שְׁבוּעִי
cada semana	kol ʃa'vuʻa	כָּל שָׁבוּעַ
duas vezes por semana	pa'a'mayim beʃa'vuʻa	פַּעֲמַיִים בְּשָׁבוּעַ
cada terça-feira	kol yom ʃliʃi	כָּל יוֹם שְׁלִישִׁי

18. Horas. Dia e noite

manhã (f)	'boker	בּוֹקֶר (ז)
de manhã	ba'boker	בַּבּוֹקֶר
meio-dia (m)	tsaha'rayim	צָהֳרַיִים (ז"ר)
à tarde	aχar hatsaha'rayim	אַחַר הַצָּהֳרַיִים
noite (f)	'erev	עֶרֶב (ז)
à noite (noitinha)	ba''erev	בָּעֶרֶב

noite (f)	'laila	לַיְלָה (ז)
à noite	ba'laila	בַּלַּיְלָה
meia-noite (f)	χatsot	חֲצוֹת (נ)

segundo (m)	ʃniya	שְׁנִיָּה (נ)
minuto (m)	daka	דַּקָּה (נ)
hora (f)	ʃa'a	שָׁעָה (נ)
meia hora (f)	χatsi ʃa'a	חֲצִי שָׁעָה (נ)
quarto (m) de hora	'reva ʃa'a	רֶבַע שָׁעָה (ז)
quinze minutos	χameʃ esre dakot	חֲמֵשׁ עֶשְׂרֵה דַּקּוֹת
vinte e quatro horas	yemama	יְמָמָה (נ)

nascer (m) do sol	zriχa	זְרִיחָה (נ)
amanhecer (m)	ʃaχar	שַׁחַר (ז)
madrugada (f)	ʃaχar	שַׁחַר (ז)
pôr do sol (m)	ʃki'a	שְׁקִיעָה (נ)

de madrugada	mukdam ba'boker	מוּקְדָּם בַּבּוֹקֶר
hoje de manhã	ha'boker	הַבּוֹקֶר
amanhã de manhã	maχar ba'boker	מָחָר בַּבּוֹקֶר

hoje à tarde	hayom aχarei hatzaha'rayim	הַיּוֹם אַחֲרֵי הַצָּהֳרַיִים
à tarde	aχar hatsaha'rayim	אַחַר הַצָּהֳרַיִים
amanhã à tarde	maχar aχarei hatsaha'rayim	מָחָר אַחֲרֵי הַצָּהֳרַיִים

| hoje à noite | ha''erev | הָעֶרֶב |
| amanhã à noite | maχar ba''erev | מָחָר בָּעֶרֶב |

às três horas em ponto	baʃa'a ʃaloʃ bediyuk	בְּשָׁעָה שָׁלוֹשׁ בְּדִיּוּק
por volta das quatro	bisvivot arba	בְּסְבִיבוֹת אַרְבַּע
às doze	ad ʃteim esre	עַד שְׁתַּיִם־עֶשְׂרֵה

dentro de vinte minutos	be'od esrim dakot	בְּעוֹד עֶשְׂרִים דַּקּוֹת
dentro duma hora	be'od ʃa'a	בְּעוֹד שָׁעָה
a tempo	bazman	בַּזְמַן

menos um quarto	'reva le...	רֶבַע לְ...
durante uma hora	toχ ʃa'a	תּוֹךְ שָׁעָה
a cada quinze minutos	kol 'reva ʃa'a	כָּל רֶבַע שָׁעָה
as vinte e quatro horas	misaviv laʃa'on	מִסָּבִיב לַשָּׁעוֹן

19. Meses. Estações

janeiro (m)	'yanu'ar	יָנוּאָר (ז)
fevereiro (m)	'febru'ar	פֶבְּרוּאָר (ז)
março (m)	merts	מֶרְץ (ז)
abril (m)	april	אַפְּרִיל (ז)
maio (m)	mai	מַאי (ז)
junho (m)	'yuni	יוּנִי (ז)

julho (m)	'yuli	יוּלִי (ז)
agosto (m)	'ogust	אוֹגוּסְט (ז)
setembro (m)	sep'tember	סֶפְּטֶמְבָּר (ז)
outubro (m)	ok'tober	אוֹקְטוֹבָּר (ז)

novembro (m)	no'vember	נוֹבֶמבֶּר (ז)
dezembro (m)	de'tsember	דֶּצֶמבֶּר (ז)
primavera (f)	aviv	אָבִיב (ז)
na primavera	ba'aviv	בָּאָבִיב
primaveril	avivi	אֲבִיבִי
verão (m)	'kayits	קַיִץ (ז)
no verão	ba'kayits	בַּקַּיִץ
de verão	ketsi	קֵיצִי
outono (m)	stav	סתָיו (ז)
no outono	bestav	בַּסתָיו
outonal	stavi	סתָווִי
inverno (m)	'χoref	חוֹרֶף (ז)
no inverno	ba'χoref	בַּחוֹרֶף
de inverno	χorpi	חוֹרפִּי
mês (m)	'χodeʃ	חוֹדֶש (ז)
este mês	ha'χodeʃ	הַחוֹדֶש
no próximo mês	ba'χodeʃ haba	בַּחוֹדֶש הַבָּא
no mês passado	ba'χodeʃ ʃe'avar	בַּחוֹדֶש שֶׁעָבַר
há um mês	lifnei 'χodeʃ	לִפנֵי חוֹדֶש
dentro de um mês	be'od 'χodeʃ	בְּעוֹד חוֹדֶש
dentro de dois meses	be'od χod'ʃayim	בְּעוֹד חוֹדשַיִים
todo o mês	kol ha'χodeʃ	כָּל הַחוֹדֶש
um mês inteiro	kol ha'χodeʃ	כָּל הַחוֹדֶש
mensal	χodʃi	חוֹדשִי
mensalmente	χodʃit	חוֹדשִית
cada mês	kol 'χodeʃ	כָּל חוֹדֶש
duas vezes por mês	pa'a'mayim be'χodeʃ	פַּעֲמַיִים בְּחוֹדֶש
ano (m)	ʃana	שָׁנָה (נ)
este ano	haʃana	הַשָׁנָה
no próximo ano	baʃana haba'a	בַּשָׁנָה הַבָּאָה
no ano passado	baʃana ʃe'avra	בַּשָׁנָה שֶׁעָברָה
há um ano	lifnei ʃana	לִפנֵי שָׁנָה
dentro dum ano	be'od ʃana	בְּעוֹד שָׁנָה
dentro de 2 anos	be'od ʃna'tayim	בְּעוֹד שנָתַיִים
todo o ano	kol haʃana	כָּל הַשָׁנָה
um ano inteiro	kol haʃana	כָּל הַשָׁנָה
cada ano	kol ʃana	כָּל שָׁנָה
anual	ʃnati	שנָתִי
anualmente	midei ʃana	מְדֵי שָׁנָה
quatro vezes por ano	arba pa'amim be'χodeʃ	אַרבַּע פְּעָמִים בְּחוֹדֶש
data (~ de hoje)	ta'ariχ	תַּאֲרִיך (ז)
data (ex. ~ de nascimento)	ta'ariχ	תַּאֲרִיך (ז)
calendário (m)	'luaχ ʃana	לוּחַ שָׁנָה (ז)
meio ano	χatsi ʃana	חֲצִי שָׁנָה (ז)
seis meses	ʃiʃa χodaʃim, χatsi ʃana	חֲצִי שָׁנָה, שִישָה חוֹדָשִים

| estação (f) | ona | עוֹנָה (נ) |
| século (m) | 'me'a | מֵאָה (נ) |

VIAGENS. HOTEL

20. Viagens

turismo (m)	tayarut	תַּיָּירוּת (נ)
turista (m)	tayar	תַּיָּיר (ז)
viagem (f)	tiyul	טִיּוּל (ז)
aventura (f)	harpatka	הַרְפַּתְקָה (נ)
viagem (f)	nesi'a	נְסִיעָה (נ)
férias (f pl)	χuʃʃa	חוּפְשָׁה (נ)
estar de férias	lihyot beχuʃʃa	לִהְיוֹת בְּחוּפְשָׁה
descanso (m)	menuχa	מְנוּחָה (נ)
comboio (m)	ra'kevet	רַכֶּבֶת (נ)
de comboio (chegar ~)	bera'kevet	בְּרַכֶּבֶת
avião (m)	matos	מָטוֹס (ז)
de avião	bematos	בְּמָטוֹס
de carro	bemeχonit	בִּמְכוֹנִית
de navio	be'oniya	בָּאוֹנִיָּיה
bagagem (f)	mit'an	מִטְעָן (ז)
mala (f)	mizvada	מִזְוָודָה (נ)
carrinho (m)	eglat mit'an	עֶגְלַת מִטְעָן (נ)
passaporte (m)	darkon	דַּרְכּוֹן (ז)
visto (m)	'viza, aʃra	וִיזָה, אַשְׁרָה (נ)
bilhete (m)	kartis	כַּרְטִיס (ז)
bilhete (m) de avião	kartis tisa	כַּרְטִיס טִיסָה (ז)
guia (m) de viagem	madriχ	מַדְרִיךְ (ז)
mapa (m)	mapa	מַפָּה (נ)
local (m), area (f)	ezor	אֵזוֹר (ז)
lugar, sítio (m)	makom	מָקוֹם (ז)
exotismo (m)	ek'zotika	אֶקְזוֹטִיקָה (נ)
exótico	ek'zoti	אֶקְזוֹטִי
surpreendente	nifla	נִפְלָא
grupo (m)	kvutsa	קְבוּצָה (נ)
excursão (f)	tiyul	טִיּוּל (ז)
guia (m)	madriχ tiyulim	מַדְרִיךְ טִיּוּלִים (ז)

21. Hotel

hotel (m)	malon	מָלוֹן (ז)
motel (m)	motel	מוֹטֶל (ז)
três estrelas	ʃloʃa koχavim	שְׁלוֹשָׁה כּוֹכָבִים

| cinco estrelas | χamiʃa koχavim | חֲמִישָׁה כּוֹכָבִים |
| ficar (~ num hotel) | lehit'aχsen | לְהִתְאַכְסֵן |

quarto (m)	'χeder	חֶדֶר (ז)
quarto (m) individual	'χeder yaχid	חֶדֶר יָחִיד (ז)
quarto (m) duplo	'χeder zugi	חֶדֶר זוּגִי (ז)
reservar um quarto	lehazmin 'χeder	לְהַזְמִין חֶדֶר

| meia pensão (f) | χatsi pensiyon | חֲצִי פֶּנְסִיוֹן (ז) |
| pensão (f) completa | pensyon male | פֶּנְסִיוֹן מָלֵא (ז) |

com banheira	im am'batya	עִם אַמְבַּטְיָה
com duche	im mik'laχat	עִם מִקְלַחַת
televisão (m) satélite	tele'vizya bekvalim	טֶלֶוִיזְיָה בְּכְבָלִים (נ)
ar (m) condicionado	mazgan	מַזְגָן (ז)
toalha (f)	ma'gevet	מַגֶּבֶת (נ)
chave (f)	maf'teaχ	מַפְתֵחַ (ז)

administrador (m)	amarkal	אֲמַרְכָּל (ז)
camareira (f)	χadranit	חַדְרָנִית (נ)
bagageiro (m)	sabal	סַבָּל (ז)
porteiro (m)	pakid kabala	פְּקִיד קַבָּלָה (ז)

restaurante (m)	mis'ada	מִסְעָדָה (נ)
bar (m)	bar	בָּר (ז)
pequeno-almoço (m)	aruχat 'boker	אֲרוּחַת בּוֹקֶר (נ)
jantar (m)	aruχat 'erev	אֲרוּחַת עֶרֶב (נ)
buffet (m)	miznon	מִזְנוֹן (ז)

| hall (m) de entrada | 'lobi | לוֹבִּי (ז) |
| elevador (m) | ma'alit | מַעֲלִית (נ) |

| NÃO PERTURBE | lo lehaf'ri'a | לֹא לְהַפְרִיעַ |
| PROIBIDO FUMAR! | asur le'aʃen! | אָסוּר לְעַשֵׁן! |

22. Turismo

monumento (m)	an'darta	אַנְדַּרְטָה (נ)
fortaleza (f)	mivtsar	מִבְצָר (ז)
palácio (m)	armon	אַרְמוֹן (ז)
castelo (m)	tira	טִירָה (נ)
torre (f)	migdal	מִגְדָּל (ז)
mausoléu (m)	ma'uzo'le'um	מָאוּזוֹלְיָאוּם (ז)

arquitetura (f)	adriχalut	אַדְרִיכָלוּת (נ)
medieval	benaimi	בֵּינַיימִי
antigo	atik	עַתִּיק
nacional	le'umi	לְאוּמִי
conhecido	mefursam	מְפוּרְסָם

turista (m)	tayar	תַּיָיר (ז)
guia (pessoa)	madriχ tiyulim	מַדְרִיךְ טִיוּלִים (ז)
excursão (f)	tiyul	טִיוּל (ז)
mostrar (vt)	lehar'ot	לְהַרְאוֹת

contar (vt)	lesaper	לְסַפֵּר
encontrar (vt)	limtso	לִמְצוֹא
perder-se (vr)	la'leχet le'ibud	לָלֶכֶת לְאִיבּוּד
mapa (~ do metrô)	mapa	מַפָּה (נ)
mapa (~ da cidade)	tarʃim	תַרשִים (ז)
lembrança (f), presente (m)	maz'keret	מַזכֶּרֶת (נ)
loja (f) de presentes	χanut matanot	חָנוּת מַתָנוֹת (נ)
fotografar (vt)	letsalem	לְצַלֵם
fotografar-se	lehitstalem	לְהִצטַלֵם

TRANSPORTES

23. Aeroporto

aeroporto (m)	nemal te'ufa	נְמַל תְּעוּפָה (ז)
avião (m)	matos	מָטוֹס (ז)
companhia (f) aérea	xevrat te'ufa	חֶבְרַת תְּעוּפָה (נ)
controlador (m) de tráfego aéreo	bakar tisa	בַּקָּר טִיסָה (ז)
partida (f)	hamra'a	הַמְרָאָה (נ)
chegada (f)	nexita	נְחִיתָה (נ)
chegar (~ de avião)	leha'gi'a betisa	לְהַגִּיעַ בְּטִיסָה
hora (f) de partida	zman hamra'a	זְמַן הַמְרָאָה (ז)
hora (f) de chegada	zman nexita	זְמַן נְחִיתָה (ז)
estar atrasado	lehit'akev	לְהִתְעַכֵּב
atraso (m) de voo	ikuv hatisa	עִיכּוּב הַטִּיסָה (ז)
painel (m) de informação	'luax meida	לוּחַ מֵידָע (ז)
informação (f)	meida	מֵידָע (ז)
anunciar (vt)	leho'dia	לְהוֹדִיעַ
voo (m)	tisa	טִיסָה (נ)
alfândega (f)	'mexes	מֶכֶס (ז)
funcionário (m) da alfândega	pakid 'mexes	פָּקִיד מֶכֶס (ז)
declaração (f) alfandegária	hatsharat mexes	הַצְהָרַת מֶכֶס (נ)
preencher (vt)	lemale	לְמַלֵּא
preencher a declaração	lemale 'tofes hatshara	לְמַלֵּא טוֹפֶס הַצְהָרָה
controlo (m) de passaportes	bdikat darkonim	בְּדִיקַת דַּרְכּוֹנִים (נ)
bagagem (f)	kvuda	כְּבוּדָה (נ)
bagagem (f) de mão	kvudat yad	כְּבוּדַת יָד (נ)
carrinho (m)	eglat kvuda	עֶגְלַת כְּבוּדָה (נ)
aterragem (f)	nexita	נְחִיתָה (נ)
pista (f) de aterragem	maslul nexita	מַסְלוּל נְחִיתָה (ז)
aterrar (vi)	linxot	לִנְחוֹת
escada (f) de avião	'kevef	כֶּבֶשׁ (ז)
check-in (m)	tfek in	צֶ'ק אִין (ז)
balcão (m) do check-in	dalpak tfek in	דַּלְפָּק צֶ'ק אִין (ז)
fazer o check-in	leva'tse'a tfek in	לְבַצֵּעַ צֶ'ק אִין
cartão (m) de embarque	kartis aliya lematos	כַּרְטִיס עֲלִיָּה לְמָטוֹס (ז)
porta (f) de embarque	'fa'ar yetsi'a	שַׁעַר יְצִיאָה (ז)
trânsito (m)	ma'avar	מַעֲבָר (ז)
esperar (vi, vt)	lehamtin	לְהַמְתִּין

sala (f) de espera	traklin tisa	טְרַקְלִין טִיסָה (ז)
despedir-se de ...	lelavot	לְלַוּוֹת
despedir-se (vr)	lomar lehitra'ot	לוֹמַר לְהִתְרָאוֹת

24. Avião

avião (m)	matos	מָטוֹס (ז)
bilhete (m) de avião	kartis tisa	כַּרְטִיס טִיסָה (ז)
companhia (f) aérea	ẋevrat te'ufa	חֶבְרַת תְּעוּפָה (נ)
aeroporto (m)	nemal te'ufa	נְמַל תְּעוּפָה (ז)
supersónico	al koli	עַל קוֹלִי
comandante (m) do avião	kabarnit	קַבַּרְנִיט (ז)
tripulação (f)	'tsevet	צֶוֶות (ז)
piloto (m)	tayas	טַיָּס (ז)
hospedeira (f) de bordo	da'yelet	דַּיֶּלֶת (נ)
copiloto (m)	navat	נַוָּוט (ז)
asas (f pl)	kna'fayim	כְּנָפַיִם (נ"ר)
cauda (f)	zanav	זָנָב (ז)
cabine (f) de pilotagem	'kokpit	קוֹקְפִּיט (ז)
motor (m)	ma'no'a	מָנוֹעַ (ז)
trem (m) de aterragem	kan nesi'a	כַּן נְסִיעָה (ז)
turbina (f)	tur'bina	טוּרְבִּינָה (נ)
hélice (f)	madẋef	מַדְחֵף (ז)
caixa-preta (f)	kufsa ʃẋora	קוּפְסָה שְׁחוֹרָה (נ)
coluna (f) de controlo	'hege	הֶגֶה (ז)
combustível (m)	'delek	דֶּלֶק (ז)
instruções (f pl) de segurança	hora'ot betiẋut	הוֹרָאוֹת בְּטִיחוּת (נ"ר)
máscara (f) de oxigénio	maseẋat ẋamtsan	מַסֵּכַת חַמְצָן (נ)
uniforme (m)	madim	מַדִּים (ז"ר)
colete (m) salva-vidas	ẋagorat hatsala	חֲגוֹרַת הַצָּלָה (נ)
paraquedas (m)	mitsnaẋ	מִצְנֵחַ (ז)
descolagem (f)	hamra'a	הַמְרָאָה (נ)
descolar (vi)	lehamri	לְהַמְרִיא
pista (f) de descolagem	maslul hamra'a	מַסְלוּל הַמְרָאָה (ז)
visibilidade (f)	re'ut	רְאוּת (נ)
voo (m)	tisa	טִיסָה (נ)
altura (f)	'gova	גוֹבַה (ז)
poço (m) de ar	kis avir	כִּיס אֲוִויר (ז)
assento (m)	moʃav	מוֹשָׁב (ז)
auscultadores (m pl)	ozniyot	אוֹזְנִיּוֹת (נ"ר)
mesa (f) rebatível	magaʃ mitkapel	מַגָּשׁ מְתַקְפֵּל (ז)
vigia (f)	tsohar	צוֹהַר (ז)
passagem (f)	ma'avar	מַעֲבָר (ז)

25. Comboio

comboio (m)	ra'kevet	רַכֶּבֶת (נ)
comboio (m) suburbano	ra'kevet parvarim	רַכֶּבֶת פַּרְבָרִים (נ)
comboio (m) rápido	ra'kevet mehira	רַכֶּבֶת מְהִירָה (נ)
locomotiva (f) diesel	katar 'dizel	קַטָר דִיזֶל (ז)
locomotiva (f) a vapor	katar	קַטָר (ז)
carruagem (f)	karon	קָרוֹן (ז)
carruagem restaurante (f)	kron mis'ada	קָרוֹן מִסְעָדָה (ז)
carris (m pl)	mesilot	מְסִילוֹת (נ"ר)
caminho de ferro (m)	mesilat barzel	מְסִילַת בַּרְזֶל (נ)
travessa (f)	'eden	אֶדֶן (ז)
plataforma (f)	ratsif	רָצִיף (ז)
linha (f)	mesila	מְסִילָה (נ)
semáforo (m)	ramzor	רַמְזוֹר (ז)
estação (f)	taxana	תַחֲנָה (נ)
maquinista (m)	nahag ra'kevet	נַהַג רַכֶּבֶת (ז)
bagageiro (m)	sabal	סַבָּל (ז)
hospedeiro, -a (da carruagem)	sadran ra'kevet	סַדְרָן רַכֶּבֶת (ז)
passageiro (m)	no'se'a	נוֹסֵעַ (ז)
revisor (m)	bodek	בּוֹדֵק (ז)
corredor (m)	prozdor	פְּרוֹזְדוֹר (ז)
freio (m) de emergência	ma'atsar xirum	מַעֲצַר חִירוּם (ז)
compartimento (m)	ta	תָא (ז)
cama (f)	dargaʃ	דַרְגָשׁ (ז)
cama (f) de cima	dargaʃ elyon	דַרְגָשׁ עֶלְיוֹן (ז)
cama (f) de baixo	dargaʃ taxton	דַרְגָשׁ תַחְתוֹן (ז)
roupa (f) de cama	matsa'im	מַצָעִים (ז"ר)
bilhete (m)	kartis	כַּרְטִיס (ז)
horário (m)	'luax zmanim	לוּחַ זְמַנִים (ז)
painel (m) de informação	ʃelet meida	שֶׁלֶט מֵידָע (ז)
partir (vt)	latset	לָצֵאת
partida (f)	yetsi'a	יְצִיאָה (נ)
chegar (vi)	leha'gi'a	לְהַגִיעַ
chegada (f)	haga'a	הַגָעָה (נ)
chegar de comboio	leha'gi'a bera'kevet	לְהַגִיעַ בְּרַכֶּבֶת
apanhar o comboio	la'alot lera'kevet	לַעֲלוֹת לְרַכֶּבֶת
sair do comboio	la'redet mehara'kevet	לָרֶדֶת מֵהַרַכֶּבֶת
acidente (m) ferroviário	hitraskut	הִתְרַסְקוּת (נ)
descarrilar (vi)	la'redet mipasei ra'kevet	לָרֶדֶת מִפַּסֵי רַכֶּבֶת
locomotiva (f) a vapor	katar	קַטָר (ז)
fogueiro (m)	masik	מַסִיק (ז)
fornalha (f)	kivʃan	כִּבְשָׁן (ז)
carvão (m)	pexam	פֶּחָם (ז)

26. Barco

| navio (m) | sfina | סְפִינָה (נ) |
| embarcação (f) | sfina | סְפִינָה (נ) |

vapor (m)	oniyat kitor	אוֹנִיַת קִיטוֹר (נ)
navio (m)	sfinat nahar	סְפִינַת נָהָר (נ)
transatlântico (m)	oniyat ta'anugot	אוֹנִיַת תַּעֲנוּגוֹת (נ)
cruzador (m)	sa'yeret	סַיֶּרֶת (נ)

iate (m)	'yaxta	יַכְטָה (נ)
rebocador (m)	go'reret	גוֹרֶרֶת (נ)
barcaça (f)	arba	אַרְבָּה (נ)
ferry (m)	ma'a'boret	מַעֲבּוֹרֶת (נ)

| veleiro (m) | sfinat mifras | סְפִינַת מִפְרָשׂ (נ) |
| bergantim (m) | briganit | בְּרִיגָּנִית (נ) |

| quebra-gelo (m) | ʃo'veret 'keraχ | שׁוֹבֶרֶת קֶרַח (נ) |
| submarino (m) | tso'lelet | צוֹלֶלֶת (נ) |

bote, barco (m)	sira	סִירָה (נ)
bote, dingue (m)	sira	סִירָה (נ)
bote (m) salva-vidas	sirat hatsala	סִירַת הַצָּלָה (נ)
lancha (f)	sirat ma'no'a	סִירַת מָנוֹעַ (נ)

capitão (m)	rav χovel	רַב־חוֹבֵל (ז)
marinheiro (m)	malaχ	מַלָּח (ז)
marujo (m)	yamai	יַמַּאי (ז)
tripulação (f)	'tsevet	צֶוֶת (ז)

contramestre (m)	rav malaχim	רַב־מַלָּחִים (ז)
grumete (m)	'na'ar sipun	נַעַר סִיפּוּן (ז)
cozinheiro (m) de bordo	tabaχ	טַבָּח (ז)
médico (m) de bordo	rofe ha'oniya	רוֹפֵא הָאוֹנִיָּה (ז)

convés (m)	sipun	סִיפּוּן (ז)
mastro (m)	'toren	תּוֹרֶן (ז)
vela (f)	mifras	מִפְרָשׂ (ז)

porão (m)	'beten oniya	בֶּטֶן אוֹנִיָּה (נ)
proa (f)	χartom	חַרְטוֹם (ז)
popa (f)	yarketei hasfina	יַרְכְּתֵי הַסְּפִינָה (ז"ר)
remo (m)	maʃot	מָשׁוֹט (ז)
hélice (f)	madχef	מַדְחֵף (ז)

camarote (m)	ta	תָּא (ז)
sala (f) dos oficiais	mo'adon ktsinim	מוֹעֲדוֹן קְצִינִים (ז)
sala (f) das máquinas	χadar meχonot	חֲדַר מְכוֹנוֹת (ז)
ponte (m) de comando	'geʃer hapikud	גֶּשֶׁר הַפִּיקּוּד (ז)
sala (f) de comunicações	ta alχutan	תָּא אַלְחוּטָן (ז)
onda (f) de rádio	'teder	תֶּדֶר (ז)
diário (m) de bordo	yoman ha'oniya	יוֹמָן הָאוֹנִיָּה (ז)
luneta (f)	miʃkefet	מִשְׁקֶפֶת (נ)
sino (m)	pa'amon	פַּעֲמוֹן (ז)

bandeira (f)	'degel	דֶּגֶל (ז)
cabo (m)	avot ha'oniya	עֲבוֹת הָאוֹנִיָּה (נ)
nó (m)	'keʃer	קֶשֶׁר (ז)
corrimão (m)	ma'ake hasipun	מַעֲקֵה הַסִּיפּוּן (ז)
prancha (f) de embarque	'keveʃ	כֶּבֶשׁ (ז)
âncora (f)	'ogen	עוֹגֶן (ז)
recolher a âncora	leharim 'ogen	לְהָרִים עוֹגֶן
lançar a âncora	la'agon	לַעֲגוֹן
amarra (f)	ʃar'ʃeret ha'ogen	שַׁרְשֶׁרֶת הָעוֹגֶן (נ)
porto (m)	namal	נָמֵל (ז)
cais, amarradouro (m)	'mezaχ	מֶזַח (ז)
atracar (vi)	la'agon	לַעֲגוֹן
desatracar (vi)	lehaflig	לְהַפְלִיג
viagem (f)	masa, tiyul	מַסָּע (ז), טִיּוּל (ז)
cruzeiro (m)	'ʃayit	שַׁיִט (ז)
rumo (m), rota (f)	kivun	כִּיווּן (ז)
itinerário (m)	nativ	נָתִיב (ז)
canal (m) navegável	nativ 'ʃayit	נָתִיב שַׁיִט (ז)
banco (m) de areia	sirton	שִׂרְטוֹן (ז)
encalhar (vt)	la'alot al hasirton	לַעֲלוֹת עַל הַשִּׂרְטוֹן
tempestade (f)	sufa	סוּפָה (נ)
sinal (m)	ot	אוֹת (ז)
afundar-se (vr)	lit'bo'a	לִטְבּוֹעַ
Homem ao mar!	adam ba'mayim!	אָדָם בַּמַּיִם!
SOS	kri'at hatsala	קְרִיאַת הַצָּלָה
boia (f) salva-vidas	galgal hatsala	גַּלְגַּל הַצָּלָה (ז)

CIDADE

27. Transportes urbanos

autocarro (m)	'otobus	אוֹטוֹבּוּס (ז)
elétrico (m)	ra'kevet kala	רַכֶּבֶת קַלָּה (נ)
troleicarro (m)	tro'leibus	טרוֹלֵיבּוּס (ז)
itinerário (m)	maslul	מַסלוּל (ז)
número (m)	mispar	מִספָּר (ז)

ir de … (carro, etc.)	lin'so'a be…	לִנסוֹעַ בְּ...
entrar (~ no autocarro)	la'alot	לַעֲלוֹת
descer de …	la'redet mi…	לָרֶדֶת מִ...

paragem (f)	taxana	תַחֲנָה (נ)
próxima paragem (f)	hataxana haba'a	הַתַחֲנָה הַבָּאָה (נ)
ponto (m) final	hataxana ha'axrona	הַתַחֲנָה הָאַחרוֹנָה (נ)
horário (m)	'luax zmanim	לוּחַ זמַנִים (ז)
esperar (vt)	lehamtin	לְהַמתִין

bilhete (m)	kartis	כַּרטִיס (ז)
custo (m) do bilhete	mexir hanesiya	מְחִיר הַנְסִיעָה (ז)

bilheteiro (m)	kupai	קוּפַּאי (ז)
controlo (m) dos bilhetes	bi'koret kartisim	בִּיקוֹרֶת כַּרטִיסִים (נ)
revisor (m)	mevaker	מְבַקֵר (ז)

atrasar-se (vr)	le'axer	לְאַחֵר
perder (o autocarro, etc.)	lefasfes	לְפַספֵס
estar com pressa	lemaher	לְמַהֵר

táxi (m)	monit	מוֹנִית (נ)
taxista (m)	nahag monit	נַהַג מוֹנִית (ז)
de táxi (ir ~)	bemonit	בְּמוֹנִית
praça (f) de táxis	taxanat moniyot	תַחֲנַת מוֹנִיוֹת (נ)
chamar um táxi	lehazmin monit	לְהַזמִין מוֹנִית
apanhar um táxi	la'kaxat monit	לָקַחַת מוֹנִית

tráfego (m)	tnu'a	תנוּעָה (נ)
engarrafamento (m)	pkak	פּקָק (ז)
horas (f pl) de ponta	ʃa'ot 'omes	שְעוֹת עוֹמֶס (נ"ר)
estacionar (vi)	laxanot	לַחֲנוֹת
estacionar (vt)	lehaxnot	לְהַחנוֹת
parque (m) de estacionamento	xanaya	חֲנָיָה (נ)

metro (m)	ra'kevet taxtit	רַכֶּבֶת תַחתִית (נ)
estação (f)	taxana	תַחֲנָה (נ)
ir de metro	lin'so'a betaxtit	לִנסוֹעַ בְּתַחתִית
comboio (m)	ra'kevet	רַכֶּבֶת (נ)
estação (f)	taxanat ra'kevet	תַחֲנַת רַכֶּבֶת (נ)

28. Cidade. Vida na cidade

Português	Transliteração	Hebraico
cidade (f)	ir	עִיר (נ)
capital (f)	ir bira	עִיר בִּירָה (נ)
aldeia (f)	kfar	כְּפָר (ז)
mapa (m) da cidade	mapat ha'ir	מַפַּת הָעִיר (נ)
centro (m) da cidade	merkaz ha'ir	מֶרכַּז הָעִיר (ז)
subúrbio (m)	parvar	פַּרוָר (ז)
suburbano	parvari	פַּרוָרִי
periferia (f)	parvar	פַּרוָר (ז)
arredores (m pl)	svivot	סבִיבוֹת (נ"ר)
quarteirão (m)	ʃxuna	שׁכוּנָה (נ)
quarteirão (m) residencial	ʃxunat megurim	שׁכוּנַת מְגוּרִים (נ)
tráfego (m)	tnu'a	תנוּעָה (נ)
semáforo (m)	ramzor	רַמזוֹר (ז)
transporte (m) público	taxbura tsiburit	תַחבּוּרָה צִיבּוּרִית (נ)
cruzamento (m)	'tsomet	צוֹמֶת (ז)
passadeira (f)	ma'avar xatsaya	מַעֲבַר חֲצָיָה (ז)
passagem (f) subterrânea	ma'avar tat karka'i	מַעֲבָר תַת־קַרקָעִי (ז)
cruzar, atravessar (vt)	laxatsot	לַחֲצוֹת
peão (m)	holex 'regel	הוֹלֵך רֶגֶל (ז)
passeio (m)	midraxa	מִדרָכָה (נ)
ponte (f)	'geʃer	גֶשֶׁר (ז)
margem (f) do rio	ta'yelet	טַייֶלֶת (נ)
fonte (f)	mizraka	מִזרָקָה (נ)
alameda (f)	sdera	שׁדֵרָה (נ)
parque (m)	park	פַּארק (ז)
bulevar (m)	sdera	שׁדֵרָה (נ)
praça (f)	kikar	כִּיכָּר (נ)
avenida (f)	rexov raʃi	רְחוֹב רָאשִׁי (ז)
rua (f)	rexov	רְחוֹב (ז)
travessa (f)	simta	סִמטָה (נ)
beco (m) sem saída	mavoi satum	מָבוֹי סָתוּם (ז)
casa (f)	'bayit	בַּיִת (ז)
edifício, prédio (m)	binyan	בִּניָין (ז)
arranha-céus (m)	gored ʃxakim	גוֹרֵד שׁחָקִים (ז)
fachada (f)	xazit	חָזִית (נ)
telhado (m)	gag	גַג (ז)
janela (f)	xalon	חַלוֹן (ז)
arco (m)	'keʃet	קֶשֶׁת (נ)
coluna (f)	amud	עַמוּד (ז)
esquina (f)	pina	פִּינָה (נ)
montra (f)	xalon ra'ava	חַלוֹן רַאֲווָה (ז)
letreiro (m)	'ʃelet	שֶׁלֶט (ז)
cartaz (m)	kraza	כּרָזָה (נ)
cartaz (m) publicitário	'poster	פּוֹסטֶר (ז)

painel (m) publicitário	'luaχ pirsum	לוֹחַ פִּרְסוּם (ז)
lixo (m)	'zevel	זֶבֶל (ז)
cesta (f) do lixo	paχ aʃpa	פַּח אַשְׁפָּה (ז)
jogar lixo na rua	lelaχleχ	לְלַכְלֵךְ
aterro (m) sanitário	mizbala	מִזְבָּלָה (נ)

cabine (f) telefónica	ta 'telefon	תָּא טֶלֶפוֹן (ז)
candeeiro (m) de rua	amud panas	עַמוּד פָּנָס (ז)
banco (m)	safsal	סַפְסָל (ז)

polícia (m)	ʃoter	שׁוֹטֵר (ז)
polícia (instituição)	miʃtara	מִשְׁטָרָה (נ)
mendigo (m)	kabtsan	קַבְּצָן (ז)
sem-abrigo (m)	χasar 'bayit	חֲסַר בַּיִת (ז)

29. Instituições urbanas

loja (f)	χanut	חֲנוּת (נ)
farmácia (f)	beit mir'kaχat	בֵּית מִרְקַחַת (ז)
ótica (f)	χanut miʃka'fayim	חֲנוּת מִשְׁקָפַיִים (נ)
centro (m) comercial	kanyon	קַנְיוֹן (ז)
supermercado (m)	super'market	סוּפֶּרְמַרְקֶט (ז)

padaria (f)	ma'afiya	מַאֲפִיָּה (נ)
padeiro (m)	ofe	אוֹפֶה (ז)
pastelaria (f)	χanut mamtakim	חֲנוּת מַמְתַּקִים (נ)
mercearia (f)	ma'kolet	מַכּוֹלֶת (נ)
talho (m)	itliz	אִטְלִיז (ז)

| loja (f) de legumes | χanut perot viyerakot | חֲנוּת פֵּירוֹת וִירָקוֹת (נ) |
| mercado (m) | ʃuk | שׁוּק (ז) |

café (m)	beit kafe	בֵּית קָפֶה (ז)
restaurante (m)	mis'ada	מִסְעָדָה (נ)
bar (m), cervejaria (f)	pab	פָּאבּ (ז)
pizzaria (f)	pi'tseriya	פִּיצֶרְיָה (נ)

salão (m) de cabeleireiro	mispara	מִסְפָּרָה (נ)
correios (m pl)	'do'ar	דוֹאַר (ז)
lavandaria (f)	nikui yaveʃ	נִיקּוּי יָבֵשׁ (ז)
estúdio (m) fotográfico	'studyo letsilum	סְטוּדְיוֹ לְצִילוּם (ז)

sapataria (f)	χanut na'a'layim	חֲנוּת נַעֲלַיִים (נ)
livraria (f)	χanut sfarim	חֲנוּת סְפָרִים (נ)
loja (f) de artigos de desporto	χanut sport	חֲנוּת סְפּוֹרְט (נ)

reparação (f) de roupa	χanut tikun bgadim	חֲנוּת תִּיקוּן בְּגָדִים (נ)
aluguer (m) de roupa	χanut haskarat bgadim	חֲנוּת הַשְׂכָּרַת בְּגָדִים (נ)
aluguer (m) de filmes	χanut haʃalat sratim	חֲנוּת הַשְׁאָלַת סְרָטִים (נ)

circo (m)	kirkas	קִרְקָס (ז)
jardim (m) zoológico	gan hayot	גַּן חַיּוֹת (ז)
cinema (m)	kol'no'a	קוֹלְנוֹעַ (ז)
museu (m)	muze'on	מוּזֵיאוֹן (ז)

biblioteca (f)	sifriya	סִפְרִיָּה (נ)
teatro (m)	te'atron	תֵּיאַטְרוֹן (ז)
ópera (f)	beit 'opera	בֵּית אוֹפֵּרָה (ז)
clube (m) noturno	mo'adon 'laila	מוֹעֲדוֹן לַיְלָה (ז)
casino (m)	ka'zino	קָזִינוֹ (ז)

mesquita (f)	misgad	מִסְגָּד (ז)
sinagoga (f)	beit 'kneset	בֵּית כְּנֶסֶת (ז)
catedral (f)	kated'rala	קָתֶדְרָלָה (נ)
templo (m)	mikdaʃ	מִקְדָּשׁ (ז)
igreja (f)	knesiya	כְּנֵסִיָּה (נ)

instituto (m)	miχlala	מִכְלָלָה (נ)
universidade (f)	uni'versita	אוּנִיבֶּרְסִיטָה (נ)
escola (f)	beit 'sefer	בֵּית סֵפֶר (ז)

prefeitura (f)	maχoz	מָחוֹז (ז)
câmara (f) municipal	iriya	עִירִיָּה (נ)
hotel (m)	beit malon	בֵּית מָלוֹן (ז)
banco (m)	bank	בַּנְק (ז)

embaixada (f)	ʃagrirut	שַׁגְרִירוּת (נ)
agência (f) de viagens	soχnut nesi'ot	סוֹכְנוּת נְסִיעוֹת (נ)
agência (f) de informações	modi'in	מוֹדִיעִין (ז)
casa (f) de câmbio	misrad hamarat mat'be'a	מִשְׂרַד הֲמָרַת מַטְבֵּעַ (ז)

| metro (m) | ra'kevet taχtit | רַכֶּבֶת תַּחְתִּית (נ) |
| hospital (m) | beit χolim | בֵּית חוֹלִים (ז) |

| posto (m) de gasolina | taχanat 'delek | תַּחֲנַת דֶּלֶק (נ) |
| parque (m) de estacionamento | migraʃ χanaya | מִגְרַשׁ חֲנָיָה (ז) |

30. Sinais

letreiro (m)	'ʃelet	שֶׁלֶט (ז)
inscrição (f)	moda'a	מוֹדָעָה (נ)
cartaz, póster (m)	'poster	פּוֹסְטֶר (ז)
sinal (m) informativo	tamrur	תַּמְרוּר (ז)
seta (f)	χets	חֵץ (ז)

aviso (advertência)	azhara	אַזְהָרָה (נ)
sinal (m) de aviso	'ʃelet azhara	שֶׁלֶט אַזְהָרָה (ז)
avisar, advertir (vt)	lehazhir	לְהַזְהִיר

dia (m) de folga	yom 'χofeʃ	יוֹם חוֹפֶשׁ (ז)
horário (m)	'luaχ zmanim	לוּחַ זְמַנִּים (ז)
horário (m) de funcionamento	ʃa'ot avoda	שְׁעוֹת עֲבוֹדָה (נ"ר)

BEM-VINDOS!	bruχim haba'im!	בְּרוּכִים הַבָּאִים!
ENTRADA	knisa	כְּנִיסָה
SAÍDA	yetsi'a	יְצִיאָה

| EMPURRE | dχof | דְּחוֹף |
| PUXE | mʃoχ | מְשׁוֹךְ |

ABERTO	pa'tuaχ	פָּתוּחַ
FECHADO	sagur	סָגוּר
MULHER	lenaʃim	לְנָשִׁים
HOMEM	legvarim	לְגְבָרִים
DESCONTOS	hanaχot	הֲנָחוֹת
SALDOS	mivtsa	מִבְצָע
NOVIDADE!	χadaʃ!	חָדָשׁ!
GRÁTIS	χinam	חִינָּם
ATENÇÃO!	sim lev!	שִׂים לֵב!
NÃO HÁ VAGAS	ein makom panui	אֵין מָקוֹם פָּנוּי
RESERVADO	ʃamur	שָׁמוּר
ADMINISTRAÇÃO	hanhala	הַנְהָלָה
SOMENTE PESSOAL	le'ovdim bilvad	לְעוֹבְדִים בִּלְבַד
AUTORIZADO		
CUIDADO CÃO FEROZ	zehirut 'kelev noʃeχ!	זְהִירוּת, כֶּלֶב נוֹשֵׁךְ!
PROIBIDO FUMAR!	asur le'aʃen!	אָסוּר לְעַשֵּׁן!
NÃO TOCAR	lo lagaat!	לֹא לָגַעַת!
PERIGOSO	mesukan	מְסוּכָּן
PERIGO	sakana	סַכָּנָה
ALTA TENSÃO	'metaχ ga'voha	מֶתַח גָּבוֹהַּ
PROIBIDO NADAR	haraχatsa asura!	הָרַחָצָה אֲסוּרָה!
AVARIADO	lo oved	לֹא עוֹבֵד
INFLAMÁVEL	dalik	דָּלִיק
PROIBIDO	asur	אָסוּר
ENTRADA PROIBIDA	asur la'avor	אָסוּר לַעֲבוֹר
CUIDADO TINTA FRESCA	'tseva laχ	צֶבַע לַח

31. Compras

comprar (vt)	liknot	לִקְנוֹת
compra (f)	kniya	קְנִיָּה (נ)
fazer compras	la'leχet lekn"iyot	לָלֶכֶת לִקְנִיּוֹת
compras (f pl)	ariχat kniyot	עֲרִיכַת קְנִיּוֹת (נ)
estar aberta (loja, etc.)	pa'tuaχ	פָּתוּחַ
estar fechada	sagur	סָגוּר
calçado (m)	na'a'layim	נַעֲלַיִים (נ"ר)
roupa (f)	bgadim	בְּגָדִים (ז"ר)
cosméticos (m pl)	tamrukim	תַּמְרוּקִים (ז"ר)
alimentos (m pl)	mutsrei mazon	מוּצְרֵי מָזוֹן (ז"ר)
presente (m)	matana	מַתָּנָה (נ)
vendedor (m)	moχer	מוֹכֵר (ז)
vendedora (f)	mo'χeret	מוֹכֶרֶת (נ)
caixa (f)	kupa	קוּפָּה (נ)
espelho (m)	mar'a	מַרְאָה (נ)

balcão (m)	duχan	דּוּכָן (ז)
cabine (f) de provas	'χeder halbaʃa	חֲדַר הַלְבָּשָׁה (ז)
provar (vt)	limdod	לִמְדֹּד
servir (vi)	lehat'im	לְהַתְאִים
gostar (apreciar)	limtso χen be'ei'nayim	לִמְצֹא חֵן בְּעֵינַיִים
preço (m)	meχir	מְחִיר (ז)
etiqueta (f) de preço	tag meχir	תַּג מְחִיר (ז)
custar (vt)	la'alot	לַעֲלוֹת
Quanto?	'kama?	כַּמָּה?
desconto (m)	hanaχa	הֲנָחָה (נ)
não caro	lo yakar	לֹא יָקָר
barato	zol	זוֹל
caro	yakar	יָקָר
É caro	ze yakar	זֶה יָקָר
aluguer (m)	haskara	הַשֹׁכָּרָה (נ)
alugar (vestidos, etc.)	liskor	לְשֹׂכֹּר
crédito (m)	aʃrai	אַשְׁרַאי (ז)
a crédito	be'aʃrai	בְּאַשְׁרַאי

VESTUÁRIO & ACESSÓRIOS

32. Roupa exterior. Casacos

roupa (f)	bgadim	בְּגָדִים (ז״ר)
roupa (f) exterior	levuʃ elyon	לְבוּשׁ עֶלְיוֹן (ז)
roupa (f) de inverno	bigdei 'xoref	בִּגְדֵי חוֹרֶף (ז״ר)
sobretudo (m)	meʿil	מְעִיל (ז)
casaco (m) de peles	meʿil parva	מְעִיל פַרְוָה (ז)
casaco curto (m) de peles	meʿil parva katsar	מְעִיל פַרְוָה קָצָר (ז)
casaco (m) acolchoado	meʿil pux	מְעִיל פּוּךְ (ז)
casaco, blusão (m)	meʿil katsar	מְעִיל קָצָר (ז)
impermeável (m)	meʿil 'geʃem	מְעִיל גֶּשֶׁם (ז)
impermeável	amid be'mayim	עָמִיד בְּמַיִם

33. Vestuário de homem & mulher

camisa (f)	xultsa	חוּלְצָה (נ)
calças (f pl)	mixna'sayim	מִכְנָסַיִים (ז״ר)
calças (f pl) de ganga	mixnesei 'dʒins	מִכְנְסֵי ג׳ִינְס (ז״ר)
casaco (m) de fato	ʒaket	ז׳קֶט (ז)
fato (m)	xalifa	חֲלִיפָה (נ)
vestido (ex. ~ vermelho)	simla	שׂמְלָה (נ)
saia (f)	xatsa'it	חֲצָאִית (נ)
blusa (f)	xultsa	חוּלְצָה (נ)
casaco (m) de malha	ʒaket 'tsemer	ז׳קֶט צֶמֶר (ז)
casaco, blazer (m)	ʒaket	ז׳קֶט (ז)
T-shirt, camiseta (f)	ti ʃert	טִי שֶׁרְט (ז)
calções (Bermudas, etc.)	mixna'sayim ktsarim	מִכְנָסַיִים קְצָרִים (ז״ר)
fato (m) de treino	'trening	טְרֶנִינג (ז)
roupão (m) de banho	xaluk raxatsa	חָלוּק רַחְצָה (ז)
pijama (m)	pi'dʒama	פִּיג׳׳מָה (נ)
suéter (m)	'sveder	סְווֶדֶר (ז)
pulôver (m)	afuda	אֲפוּדָה (נ)
colete (m)	vest	וֶסְט (ז)
fraque (m)	frak	פְרָאק (ז)
smoking (m)	tuk'sido	טוּקְסִידוֹ (ז)
uniforme (m)	madim	מַדִים (ז״ר)
roupa (f) de trabalho	bigdei avoda	בִּגְדֵי עֲבוֹדָה (ז״ר)
fato-macaco (m)	sarbal	סַרְבָּל (ז)
bata (~ branca, etc.)	xaluk	חָלוּק (ז)

34. Vestuário. Roupa interior

roupa (f) interior	levanim	לְבָנִים (ז"ר)
cuecas boxer (f pl)	taxtonim	תַחְתּוֹנִים (ז"ר)
cuecas (f pl)	taxtonim	תַחְתּוֹנִים (ז"ר)
camisola (f) interior	gufiya	גוּפִיָה (נ)
peúgas (f pl)	gar'bayim	גַרְבַּיִם (ז"ר)
camisa (f) de noite	'ktonet 'laila	כְּתוֹנֶת לַיְלָה (נ)
sutiã (m)	xaziya	חֲזִיָה (נ)
meias longas (f pl)	birkon	בִּרְכּוֹן (ז)
meia-calça (f)	garbonim	גַרְבּוֹנִים (ז"ר)
meias (f pl)	garbei 'nailon	גַרְבֵּי נַיְלוֹן (ז"ר)
fato (m) de banho	'beged yam	בֶּגֶד יָם (ז)

35. Adereços de cabeça

chapéu (m)	'kova	כּוֹבַע (ז)
chapéu (m) de feltro	'kova 'leved	כּוֹבַע לֶבֶד (ז)
boné (m) de beisebol	'kova 'beisbol	כּוֹבַע בֵּייסְבּוֹל (ז)
boné (m)	'kova mitsxiya	כּוֹבַע מִצְחִיָה (ז)
boina (f)	baret	בֶּרֶט (ז)
capuz (m)	bardas	בַּרְדָס (ז)
panamá (m)	'kova 'tembel	כּוֹבַע טֶמְבֶּל (ז)
gorro (m) de malha	'kova 'gerev	כּוֹבַע גֶרֶב (ז)
lenço (m)	mit'paxat	מִטְפַּחַת (נ)
chapéu (m) de mulher	'kova	כּוֹבַע (ז)
capacete (m) de proteção	kasda	קַסְדָה (נ)
bibico (m)	kumta	כּוּמְתָה (נ)
capacete (m)	kasda	קַסְדָה (נ)
chapéu-coco (m)	mig'ba'at me'u'gelet	מִגְבַּעַת מְעוּגֶלֶת (נ)
chapéu (m) alto	tsi'linder	צִילִינְדֶר (ז)

36. Calçado

calçado (m)	han'ala	הַנְעָלָה (נ)
botinas (f pl)	na'a'layim	נַעֲלַיִים (נ"ר)
sapatos (de salto alto, etc.)	na'a'layim	נַעֲלַיִים (נ"ר)
botas (f pl)	maga'fayim	מַגָפַיִים (ז"ר)
pantufas (f pl)	na'alei 'bayit	נַעֲלֵי בַּיִת (נ"ר)
ténis (m pl)	na'alei sport	נַעֲלֵי סְפּוֹרְט (נ"ר)
sapatilhas (f pl)	na'alei sport	נַעֲלֵי סְפּוֹרְט (נ"ר)
sandálias (f pl)	sandalim	סַנְדָלִים (ז"ר)
sapateiro (m)	sandlar	סַנְדְלָר (ז)
salto (m)	akev	עָקֵב (ז)

par (m)	zug	זוּג (ז)
atacador (m)	sroχ	שְׂרוֹך (ז)
apertar os atacadores	lisroχ	לִשְׂרוֹך
calçadeira (f)	kaf na'a'layim	כַּף נַעֲלַיִים (נ)
graxa (f) para calçado	miʃχat na'a'layim	מִשְׁחַת נַעֲלַיִים (נ)

37. Acessórios pessoais

luvas (f pl)	kfafot	כְּפָפוֹת (נ"ר)
mitenes (f pl)	kfafot	כְּפָפוֹת (נ"ר)
cachecol (m)	tsa'if	צָעִיף (ז)
óculos (m pl)	miʃka'fayim	מִשְׁקְפַיִים (ז"ר)
armação (f) de óculos	mis'geret	מִסְגֶּרֶת (נ)
guarda-chuva (m)	mitriya	מִטְרִייָה (נ)
bengala (f)	makel haliχa	מַקֵּל הֲלִיכָה (ז)
escova (f) para o cabelo	miv'reʃet se'ar	מִבְרֶשֶׁת שֵׂיעָר (נ)
leque (m)	menifa	מְנִיפָה (נ)
gravata (f)	aniva	עֲנִיבָה (נ)
gravata-borboleta (f)	anivat parpar	עֲנִיבַת פַּרְפַּר (נ)
suspensórios (m pl)	ktefiyot	כְּתֵפִיּוֹת (נ"ר)
lenço (m)	mimχata	מִמְחָטָה (נ)
pente (m)	masrek	מַסְרֵק (ז)
travessão (m)	sikat roʃ	סִיכַּת רֹאשׁ (נ)
gancho (m) de cabelo	sikat se'ar	סִיכַּת שֵׂיעָר (נ)
fivela (f)	avzam	אַבְזָם (ז)
cinto (m)	χagora	חֲגוֹרָה (נ)
correia (f)	retsu'at katef	רְצוּעַת כָּתֵף (נ)
mala (f)	tik	תִּיק (ז)
mala (f) de senhora	tik	תִּיק (ז)
mochila (f)	tarmil	תַּרְמִיל (ז)

38. Vestuário. Diversos

moda (f)	ofna	אוֹפְנָה (נ)
na moda	ofnati	אוֹפְנָתִי
estilista (m)	me'atsev ofna	מְעַצֵּב אוֹפְנָה (ז)
colarinho (m), gola (f)	tsavaron	צַוָּוארוֹן (ז)
bolso (m)	kis	כִּיס (ז)
de bolso	ʃel kis	שֶׁל כִּיס
manga (f)	ʃarvul	שַׁרְווּל (ז)
alcinha (f)	mitle	מִתְלֶה (ז)
braguilha (f)	χanut	חָנוּת (נ)
fecho (m) de correr	roχsan	רוֹכְסָן (ז)
fecho (m), colchete (m)	'keres	קֶרֶס (ז)
botão (m)	kaftor	כַּפְתּוֹר (ז)

| casa (f) de botão | lula'a | לוּלָאָה (נ) |
| soltar-se (vr) | lehitalef | לְהִיתָּלֵשׁ |

coser, costurar (vi)	litpor	לִתְפּוֹר
bordar (vt)	lirkom	לִרְקוֹם
bordado (m)	rikma	רִקְמָה (נ)
agulha (f)	'maχat tfira	מַחַט תְּפִירָה (נ)
fio (m)	χut	חוּט (ז)
costura (f)	'tefer	תֶּפֶר (ז)

sujar-se (vr)	lehitlaχleχ	לְהִתְלַכְלֵךְ
mancha (f)	'ketem	כֶּתֶם (ז)
engelhar-se (vr)	lehitkamet	לְהִתְקַמֵּט
rasgar (vt)	lik'ro'a	לִקְרוֹעַ
traça (f)	aʃ	עָשׁ (ז)

39. Cuidados pessoais. Cosméticos

pasta (f) de dentes	miʃχat ʃi'nayim	מִשְׁחַת שִׁינַיִים (נ)
escova (f) de dentes	miv'reʃet ʃi'nayim	מִבְרֶשֶׁת שִׁינַיִים (נ)
escovar os dentes	letsaχ'tseaχ ʃi'nayim	לְצַחְצֵחַ שִׁינַיִים

máquina (f) de barbear	'ta'ar	תַּעַר (ז)
creme (m) de barbear	'ketsef gi'luaχ	קֶצֶף גִּילוּחַ (ז)
barbear-se (vr)	lehitga'leaχ	לְהִתְגַּלֵּחַ

| sabonete (m) | sabon | סַבּוֹן (ז) |
| champô (m) | ʃampu | שַׁמְפּוֹ (ז) |

tesoura (f)	mispa'rayim	מִסְפָּרַיִים (ז"ר)
lima (f) de unhas	ptsira	פְּצִירָה (נ)
corta-unhas (m)	gozez tsipor'nayim	גּוֹזֵז צִיפּוֹרְנַיִים (ז)
pinça (f)	pin'tseta	פִּינְצֶטָה (נ)

cosméticos (m pl)	tamrukim	תַּמְרוּקִים (ז"ר)
máscara (f) facial	maseχa	מַסֵכָה (נ)
manicura (f)	manikur	מָנִיקוּר (ז)
fazer a manicura	la'asot manikur	לַעֲשׂוֹת מָנִיקוּר
pedicure (f)	pedikur	פֶּדִיקוּר (ז)

mala (f) de maquilhagem	tik ipur	תִּיק אִיפּוּר (ז)
pó (m)	'pudra	פּוּדְרָה (נ)
caixa (f) de pó	pudriya	פּוּדְרִיָּיה (נ)
blush (m)	'somek	סוֹמֵק (ז)

perfume (m)	'bosem	בּוֹשֶׂם (ז)
água (f) de toilette	mei 'bosem	מֵי בּוֹשֶׂם (ז"ר)
loção (f)	mei panim	מֵי פָּנִים (ז"ר)
água-de-colónia (f)	mei 'bosem	מֵי בּוֹשֶׂם (ז"ר)

sombra (f) de olhos	tslalit	צְלָלִית (נ)
lápis (m) delineador	ai 'lainer	אַי לַיינֶר (ז)
máscara (f), rímel (m)	'maskara	מַסְקָרָה (נ)
batom (m)	sfaton	שְׂפָתוֹן (ז)

verniz (m) de unhas	'laka letsipor'nayim	לַכָּה לְצִיפּוֹרְנַיִים (נ)
laca (f) para cabelos	tarsis lese'ar	תַּרְסִיס לְשֵׂיעָר (ז)
desodorizante (m)	de'odo'rant	דֵאוֹדוֹרַנט (ז)

creme (m)	krem	קְרֶם (ז)
creme (m) de rosto	krem panim	קְרֶם פָּנִים (ז)
creme (m) de mãos	krem ya'dayim	קְרֶם יָדַיִים (ז)
creme (m) antirrugas	krem 'neged kmatim	קְרֶם נֶגֶד קְמָטִים (ז)
creme (m) de dia	krem yom	קְרֶם יוֹם (ז)
creme (m) de noite	krem 'laila	קְרֶם לַיְלָה (ז)
de dia	yomi	יוֹמִי
da noite	leili	לֵילִי

tampão (m)	tampon	טַמְפּוֹן (ז)
papel (m) higiénico	neyar tu'alet	נְיַיר טוּאָלֶט (ז)
secador (m) elétrico	meyabeʃ se'ar	מְיַבֵּשׁ שֵׂיעָר (ז)

40. Relógios de pulso. Relógios

relógio (m) de pulso	ʃe'on yad	שְׁעוֹן יָד (ז)
mostrador (m)	'luaχ ʃa'on	לוּחַ שָׁעוֹן (ז)
ponteiro (m)	maχog	מָחוֹג (ז)
bracelete (f) em aço	tsamid	צָמִיד (ז)
bracelete (f) em couro	retsu'a leʃa'on	רְצוּעָה לְשָׁעוֹן (נ)

pilha (f)	solela	סוֹלְלָה (נ)
descarregar-se	lehitroken	לְהִתְרוֹקֵן
trocar a pilha	lehaχlif	לְהַחְלִיף
estar adiantado	lemaher	לְמַהֵר
estar atrasado	lefager	לְפַגֵּר

relógio (m) de parede	ʃe'on kir	שְׁעוֹן קִיר (ז)
ampulheta (f)	ʃe'on χol	שְׁעוֹן חוֹל (ז)
relógio (m) de sol	ʃe'on 'ʃemeʃ	שְׁעוֹן שֶׁמֶשׁ (ז)
despertador (m)	ʃa'on me'orer	שָׁעוֹן מְעוֹרֵר (ז)
relojoeiro (m)	ʃa'an	שַׁעָן (ז)
reparar (vt)	letaken	לְתַקֵּן

EXPERIÊNCIA DO QUOTIDIANO

41. Dinheiro

dinheiro (m)	'kesef	כֶּסֶף (ז)
câmbio (m)	hamara	הֲמָרָה (נ)
taxa (f) de câmbio	'ʃa'ar χalifin	שַׁעַר חֲלִיפִין (ז)
Caixa Multibanco (m)	kaspomat	כַּסְפּוֹמָט (ז)
moeda (f)	mat'be'a	מַטְבֵּעַ (ז)
dólar (m)	'dolar	דּוֹלָר (ז)
euro (m)	'eiro	אֵירוֹ (ז)
lira (f)	'lira	לִירָה (נ)
marco (m)	mark germani	מַרק גֶּרְמָנִי (ז)
franco (m)	frank	פְרַנק (ז)
libra (f) esterlina	'lira 'sterling	לִירָה שְׁטֶרְלִינְג (נ)
iene (m)	yen	יֶן (ז)
dívida (f)	χov	חוֹב (ז)
devedor (m)	'ba'al χov	בַּעַל חוֹב (ז)
emprestar (vt)	lehalvot	לְהַלְווֹת
pedir emprestado	lilvot	לִלְווֹת
banco (m)	bank	בַּנק (ז)
conta (f)	χeʃbon	חֶשְׁבּוֹן (ז)
depositar (vt)	lehafkid	לְהַפְקִיד
depositar na conta	lehafkid leχeʃbon	לְהַפְקִיד לְחֶשְׁבּוֹן
levantar (vt)	limʃoχ meχeʃbon	לִמְשׁוֹךְ מֵחֶשְׁבּוֹן
cartão (m) de crédito	kartis aʃrai	כַּרְטִיס אַשְׁרַאי (ז)
dinheiro (m) vivo	mezuman	מְזוּמָן
cheque (m)	tʃek	צֶ'ק (ז)
passar um cheque	liχtov tʃek	לִכְתוֹב צֶ'ק
livro (m) de cheques	pinkas 'tʃekim	פִּנְקָס צֶ'קִים (ז)
carteira (f)	arnak	אַרְנָק (ז)
porta-moedas (m)	arnak lematbe''ot	אַרְנָק לַמַטְבְּעוֹת (ז)
cofre (m)	ka'sefet	כַּסֶּפֶת (נ)
herdeiro (m)	yoreʃ	יוֹרֵשׁ (ז)
herança (f)	yeruʃa	יְרוּשָׁה (נ)
fortuna (riqueza)	'oʃer	עוֹשֶׁר (ז)
arrendamento (m)	χoze sχirut	חוֹזֶה שְׂכִירוּת (ז)
renda (f) de casa	sχar dira	שְׂכַר דִּירָה (ז)
alugar (vt)	liskor	לִשְׂכּוֹר
preço (m)	meχir	מְחִיר (ז)
custo (m)	alut	עָלוּת (נ)

soma (f)	sχum	סְכוּם (ז)
gastar (vt)	lehotsi	לְהוֹצִיא
gastos (m pl)	hotsa'ot	הוֹצָאוֹת (נ"ר)
economizar (vi)	laχasoχ	לַחֲסוֹךְ
económico	χesχoni	חֶסְכוֹנִי
pagar (vt)	leʃalem	לְשַׁלֵם
pagamento (m)	taʃlum	תַּשְׁלוּם (ז)
troco (m)	'odef	עוֹדֶף (ז)
imposto (m)	mas	מַס (ז)
multa (f)	knas	קְנָס (ז)
multar (vt)	liknos	לִקְנוֹס

42. Correios. Serviço postal

correios (m pl)	'do'ar	דּוֹאַר (ז)
correio (m)	'do'ar	דּוֹאַר (ז)
carteiro (m)	davar	דַּוָּר (ז)
horário (m)	ʃa'ot avoda	שְׁעוֹת עֲבוֹדָה (נ"ר)
carta (f)	miχtav	מִכְתָּב (ז)
carta (f) registada	miχtav raʃum	מִכְתָּב רָשׁוּם (ז)
postal (m)	gluya	גְּלוּיָה (נ)
telegrama (m)	mivrak	מִבְרָק (ז)
encomenda (f) postal	χavila	חֲבִילָה (נ)
remessa (f) de dinheiro	ha'avarat ksafim	הַעֲבָרַת כְּסָפִים (נ)
receber (vt)	lekabel	לְקַבֵּל
enviar (vt)	liʃloaχ	לִשְׁלוֹחַ
envio (m)	ʃliχa	שְׁלִיחָה (ז)
endereço (m)	'ktovet	כְּתוֹבֶת (נ)
código (m) postal	mikud	מִיקוּד (ז)
remetente (m)	ʃo'leaχ	שׁוֹלֵחַ (ז)
destinatário (m)	nim'an	נִמְעָן (ז)
nome (m)	ʃem prati	שֵׁם פְּרָטִי (ז)
apelido (m)	ʃem miʃpaχa	שֵׁם מִשְׁפָּחָה (ז)
tarifa (f)	ta'arif	תַּעֲרִיף (ז)
ordinário	ragil	רָגִיל
económico	χesχoni	חֶסְכוֹנִי
peso (m)	miʃkal	מִשְׁקָל (ז)
pesar (estabelecer o peso)	liʃkol	לִשְׁקוֹל
envelope (m)	ma'atafa	מַעֲטָפָה (נ)
selo (m)	bul 'do'ar	בּוּל דּוֹאַר (ז)
colar o selo	lehadbik bul	לְהַדְבִּיק בּוּל

43. Banca

banco (m)	bank	בַּנְק (ז)
sucursal, balcão (f)	snif	סְנִיף (ז)

consultor (m)	yo'ets	יוֹעֵץ (ז)
gerente (m)	menahel	מְנַהֵל (ז)
conta (f)	xeʃbon	חֶשְׁבּוֹן (ז)
número (m) da conta	mispar xeʃbon	מִסְפַּר חֶשְׁבּוֹן (ז)
conta (f) corrente	xeʃbon over vaʃav	חֶשְׁבּוֹן עוֹבֵר וָשָׁב (ז)
conta (f) poupança	xeʃbon xisaxon	חֶשְׁבּוֹן חִסָּכוֹן (ז)
abrir uma conta	lif'toax xeʃbon	לִפְתּוֹחַ חֶשְׁבּוֹן
fechar uma conta	lisgor xeʃbon	לִסְגּוֹר חֶשְׁבּוֹן
depositar na conta	lehafkid lexeʃbon	לְהַפְקִיד לְחֶשְׁבּוֹן
levantar (vt)	limʃox mexeʃbon	לִמְשׁוֹךְ מֵחֶשְׁבּוֹן
depósito (m)	pikadon	פִּיקָדוֹן (ז)
fazer um depósito	lehafkid	לְהַפְקִיד
transferência (f) bancária	ha'avara banka'it	הַעֲבָרָה בַּנְקָאִית (נ)
transferir (vt)	leha'avir 'kesef	לְהַעֲבִיר כֶּסֶף
soma (f)	sxum	סְכוּם (ז)
Quanto?	'kama?	כַּמָּה?
assinatura (f)	xatima	חָתִימָה (נ)
assinar (vt)	laxtom	לַחְתּוֹם
cartão (m) de crédito	kartis aʃrai	כַּרְטִיס אַשְׁרַאי (ז)
código (m)	kod	קוֹד (ז)
número (m) do cartão de crédito	mispar kartis aʃrai	מִסְפַּר כַּרְטִיס אַשְׁרַאי (ז)
Caixa Multibanco (m)	kaspomat	כַּסְפּוֹמָט (ז)
cheque (m)	tʃek	צֶ'ק (ז)
passar um cheque	lixtov tʃek	לִכְתּוֹב צֶ'ק
livro (m) de cheques	pinkas 'tʃekim	פִּנְקַס צֶ'קִים (ז)
empréstimo (m)	halva'a	הַלְוָאָה (נ)
pedir um empréstimo	levakeʃ halva'a	לְבַקֵּשׁ הַלְוָאָה
obter um empréstimo	lekabel halva'a	לְקַבֵּל הַלְוָאָה
conceder um empréstimo	lehalvot	לְהַלְווֹת
garantia (f)	arvut	עַרְבוּת (נ)

44. Telefone. Conversação telefónica

telefone (m)	'telefon	טֶלֶפוֹן (ז)
telemóvel (m)	'telefon nayad	טֶלֶפוֹן נַיָּד (ז)
secretária (f) electrónica	meʃivon	מְשִׁיבוֹן (ז)
fazer uma chamada	letsaltsel	לְצַלְצֵל
chamada (f)	sixat 'telefon	שִׂיחַת טֶלֶפוֹן (נ)
marcar um número	lexayeg mispar	לְחַיֵּג מִסְפָּר
Alô!	'halo!	הָלוֹ!
perguntar (vt)	liʃol	לִשְׁאוֹל
responder (vt)	la'anot	לַעֲנוֹת
ouvir (vt)	liʃ'mo'a	לִשְׁמוֹעַ

bem	tov	טוֹב
mal	lo tov	לֹא טוֹב
ruído (m)	hafra'ot	הַפְרָעוֹת (נ"ר)
auscultador (m)	ſſo'feret	שְׁפוֹפֶרֶת (נ)
pegar o telefone	leharim ſſo'feret	לְהָרִים שְׁפוֹפֶרֶת
desligar (vi)	leha'niax ſſo'feret	לְהָנִיחַ שְׁפוֹפֶרֶת
ocupado	tafus	תָּפוּס
tocar (vi)	letsaltsel	לְצַלְצֵל
lista (f) telefónica	'sefer tele'fonim	סֵפֶר טֶלֶפוֹנִים (ז)
local	mekomi	מְקוֹמִי
chamada (f) local	sixa mekomit	שִׂיחָה מְקוֹמִית (נ)
de longa distância	bein ironi	בֵּין עִירוֹנִי
chamada (f) de longa distância	sixa bein ironit	שִׂיחָה בֵּין עִירוֹנִית (נ)
internacional	benle'umi	בֵּינְלְאוּמִי
chamada (f) internacional	sixa benle'umit	שִׂיחָה בֵּינְלְאוּמִית (נ)

45. Telefone móvel

telemóvel (m)	'telefon nayad	טֶלֶפוֹן נַיָּד (ז)
ecrã (m)	masax	מָסָךְ (ז)
botão (m)	kaftor	כַּפְתּוֹר (ז)
cartão SIM (m)	kartis sim	כַּרְטִיס סִים (ז)
bateria (f)	solela	סוֹלְלָה (נ)
descarregar-se	lehitroken	לְהִתְרוֹקֵן
carregador (m)	mit'an	מִטְעָן (ז)
menu (m)	tafrit	תַּפְרִיט (ז)
definições (f pl)	hagdarot	הַגְדָּרוֹת (נ"ר)
melodia (f)	mangina	מַנְגִּינָה (נ)
escolher (vt)	livxor	לִבְחוֹר
calculadora (f)	maxſevon	מַחְשְׁבוֹן (ז)
correio (m) de voz	ta koli	תָּא קוֹלִי (ז)
despertador (m)	ſa'on me'orer	שְׁעוֹן מְעוֹרֵר (ז)
contatos (m pl)	anſei 'keſer	אַנְשֵׁי קֶשֶׁר (ז"ר)
mensagem (f) de texto	misron	מִסְרוֹן (ז)
assinante (m)	manui	מָנוּי (ז)

46. Estacionário

caneta (f)	et kaduri	עֵט כַּדּוּרִי (ז)
caneta (f) tinteiro	et no've'a	עֵט נוֹבֵעַ (ז)
lápis (m)	iparon	עִיפָּרוֹן (ז)
marcador (m)	'marker	מַרְקֵר (ז)
caneta (f) de feltro	tuſ	טוּשׁ (ז)

bloco (m) de notas	pinkas	פִּנְקָס (ז)
agenda (f)	yoman	יוֹמָן (ז)
régua (f)	sargel	סַרְגֵּל (ז)
calculadora (f)	maxʃevon	מַחְשְׁבוֹן (ז)
borracha (f)	'maxak	מַחַק (ז)
pionés (m)	'naʕats	נַעַץ (ז)
clipe (m)	mehadek	מְהַדֵּק (ז)
cola (f)	'devek	דֶּבֶק (ז)
agrafador (m)	ʃadxan	שַׁדְכָן (ז)
furador (m)	menakev	מְנַקֵּב (ז)
afia-lápis (m)	maxded	מַחְדֵּד (ז)

47. Línguas estrangeiras

língua (f)	safa	שָׂפָה (נ)
estrangeiro	zar	זָר
língua (f) estrangeira	safa zara	שָׂפָה זָרָה (נ)
estudar (vt)	lilmod	לִלְמוֹד
aprender (vt)	lilmod	לִלְמוֹד
ler (vt)	likro	לִקְרוֹא
falar (vi)	ledaber	לְדַבֵּר
compreender (vt)	lehavin	לְהָבִין
escrever (vt)	lixtov	לִכְתּוֹב
rapidamente	maher	מַהֵר
devagar	le'at	לְאַט
fluentemente	xofʃi	חוֹפְשִׁי
regras (f pl)	klalim	כְּלָלִים (ז"ר)
gramática (f)	dikduk	דִּקְדּוּק (ז)
vocabulário (m)	otsar milim	אוֹצַר מִילִים (ז)
fonética (f)	torat ha'hege	תּוֹרַת הַהֶגֶה (נ)
manual (m) escolar	'sefer limud	סֵפֶר לִימוּד (ז)
dicionário (m)	milon	מִילוֹן (ז)
manual (m) de autoaprendizagem	'sefer lelimud atsmi	סֵפֶר לְלִימוּד עַצְמִי (ז)
guia (m) de conversação	sixon	שִׂיחוֹן (ז)
cassete (f)	ka'letet	קַלֶטֶת (נ)
vídeo cassete (m)	ka'letet 'vide'o	קַלֶטֶת וִידֵיאוֹ (נ)
CD (m)	taklitor	תַּקְלִיטוֹר (ז)
DVD (m)	di vi di	דִּי. וִי. דִּי. (ז)
alfabeto (m)	alefbeit	אָלֶפְבֵּית (ז)
soletrar (vt)	le'ayet	לְאַיֵּת
pronúncia (f)	hagiya	הֲגִייָה (נ)
sotaque (m)	mivta	מִבְטָא (ז)
com sotaque	im mivta	עִם מִבְטָא
sem sotaque	bli mivta	בְּלִי מִבְטָא

palavra (f)	mila	מִילָה (נ)
sentido (m)	maʃma'ut	מַשְׁמָעוּת (נ)
cursos (m pl)	kurs	קוּרְס (ז)
inscrever-se (vr)	leheraʃem lekurs	לְהֵירָשֵׁם לְקוּרְס
professor (m)	more	מוֹרֶה (ז)
tradução (processo)	tirgum	תִּרְגּוּם (ז)
tradução (texto)	tirgum	תִּרְגּוּם (ז)
tradutor (m)	metargem	מְתַרְגֵּם (ז)
intérprete (m)	meturgeman	מְתוּרְגְּמָן (ז)
poliglota (m)	poliglot	פּוֹלִיגְלוֹט (ז)
memória (f)	zikaron	זִיכָּרוֹן (ז)

REFEIÇÕES. RESTAURANTE

48. Por a mesa

colher (f)	kaf	כַּף (ז)
faca (f)	sakin	סַכִּין (ז, נ)
garfo (m)	mazleg	מַזְלֵג (ז)

chávena (f)	'sefel	סֵפֶל (ז)
prato (m)	tsa'laχat	צַלַּחַת (נ)
pires (m)	taχtit	תַּחְתִּית (נ)
guardanapo (m)	mapit	מַפִּית (נ)
palito (m)	keisam ʃi'nayim	קֵיסָם שִׁינַּיִם (ז)

49. Restaurante

restaurante (m)	misʿada	מִסְעָדָה (נ)
café (m)	beit kafe	בֵּית קָפֶה (ז)
bar (m), cervejaria (f)	bar, pab	בָּר, פָּאב (ז)
salão (m) de chá	beit te	בֵּית תֵּה (ז)

empregado (m) de mesa	meltsar	מֶלְצָר (ז)
empregada (f) de mesa	meltsarit	מֶלְצָרִית (נ)
barman (m)	'barmen	בַּרְמֶן (ז)

ementa (f)	tafrit	תַּפְרִיט (ז)
lista (f) de vinhos	reʃimat yeynot	רְשִׁימַת יֵינוֹת (נ)
reservar uma mesa	lehazmin ʃulχan	לְהַזְמִין שׁוּלְחָן

prato (m)	mana	מָנָה (נ)
pedir (vt)	lehazmin	לְהַזְמִין
fazer o pedido	lehazmin	לְהַזְמִין

aperitivo (m)	maʃke meta'aven	מַשְׁקֶה מְתַאֲבֵן (ז)
entrada (f)	meta'aven	מְתַאֲבֵן (ז)
sobremesa (f)	ki'nuaχ	קִינּוּחַ (ז)

conta (f)	χeʃbon	חֶשְׁבּוֹן (ז)
pagar a conta	leʃalem	לְשַׁלֵּם
dar o troco	latet 'odef	לָתֵת עוֹדֶף
gorjeta (f)	tip	טִיפ (ז)

50. Refeições

| comida (f) | 'oχel | אוֹכֶל (ז) |
| comer (vt) | le'eχol | לֶאֱכוֹל |

pequeno-almoço (m)	aruχat 'boker	אֲרוּחַת בּוֹקֶר (נ)
tomar o pequeno-almoço	le'eχol aruχat 'boker	לֶאֱכוֹל אֲרוּחַת בּוֹקֶר
almoço (m)	aruχat tsaha'rayim	אֲרוּחַת צָהֳרַיִם (נ)
almoçar (vi)	le'eχol aruχat tsaha'rayim	לֶאֱכוֹל אֲרוּחַת צָהֳרַיִם
jantar (m)	aruχat 'erev	אֲרוּחַת עֶרֶב (נ)
jantar (vi)	le'eχol aruχat 'erev	לֶאֱכוֹל אֲרוּחַת עֶרֶב
apetite (m)	te'avon	תֵּיאָבוֹן (ז)
Bom apetite!	betei'avon!	בְּתֵיאָבוֹן!
abrir (~ uma lata, etc.)	lif'toaχ	לִפְתּוֹחַ
derramar (vt)	liʃpoχ	לִשְׁפּוֹךְ
derramar-se (vr)	lehiʃapeχ	לְהִישָׁפֵךְ
ferver (vi)	lir'toaχ	לִרְתּוֹחַ
ferver (vt)	lehar'tiaχ	לְהַרְתִּיחַ
fervido	ra'tuaχ	רָתוּחַ
arrefecer (vt)	lekarer	לְקָרֵר
arrefecer-se (vr)	lehitkarer	לְהִתְקָרֵר
sabor, gosto (m)	'ta'am	טַעַם (ז)
gostinho (m)	'ta'am levai	טַעַם לְוַאי (ז)
fazer dieta	lirzot	לִרְזוֹת
dieta (f)	di"eta	דִּיאֵטָה (נ)
vitamina (f)	vitamin	וִיטָמִין (ז)
caloria (f)	ka'lorya	קָלוֹרְיָה (נ)
vegetariano (m)	tsimχoni	צִמְחוֹנִי (ז)
vegetariano	tsimχoni	צִמְחוֹנִי
gorduras (f pl)	ʃumanim	שׁוּמָנִים (ז"ר)
proteínas (f pl)	χelbonim	חֶלְבּוֹנִים (ז"ר)
carboidratos (m pl)	paχmema	פַּחְמֵימָה (נ)
fatia (~ de limão, etc.)	prusa	פְּרוּסָה (נ)
pedaço (~ de bolo)	χatiχa	חֲתִיכָה (נ)
migalha (f)	perur	פֵּירוּר (ז)

51. Pratos cozinhados

prato (m)	mana	מָנָה (נ)
cozinha (~ portuguesa)	mitbaχ	מִטְבָּח (ז)
receita (f)	matkon	מַתְכּוֹן (ז)
porção (f)	mana	מָנָה (נ)
salada (f)	salat	סָלָט (ז)
sopa (f)	marak	מָרָק (ז)
caldo (m)	marak tsaχ, tsir	מָרָק צַח, צִיר (ז)
sandes (f)	kariχ	כָּרִיךְ (ז)
ovos (m pl) estrelados	beitsat ain	בֵּיצַת עַיִן (נ)
hambúrguer (m)	'hamburger	הַמְבּוּרְגֶר (ז)
bife (m)	umtsa, steik	אוּמְצָה (נ), סְטֵייק (ז)
conduto (m)	to'sefet	תּוֹסֶפֶת (נ)

espaguete (m)	spa'geti	סְפָּגֶטִי (ז)
puré (m) de batata	meχit tapuχei adama	מְחִית תַּפּוּחֵי אֲדָמָה (נ)
pizza (f)	'pitsa	פִּיצָה (נ)
papa (f)	daysa	דַּייסָה (נ)
omelete (f)	χavita	חֲבִיתָה (נ)

cozido em água	mevuʃal	מְבוּשָׁל
fumado	me'uʃan	מְעוּשָׁן
frito	metugan	מְטוּגָּן
seco	meyubaʃ	מְיוּבָּשׁ
congelado	kafu	קָפוּא
em conserva	kavuʃ	כָּבוּשׁ

doce (açucarado)	matok	מָתוֹק
salgado	ma'luaχ	מָלוּחַ
frio	kar	קַר
quente	χam	חַם
amargo	marir	מָרִיר
gostoso	ta'im	טָעִים

cozinhar (em água a ferver)	levaʃel be'mayim rotχim	לְבַשֵׁל בְּמַיִם רוֹתְחִים
fazer, preparar (vt)	levaʃel	לְבַשֵׁל
fritar (vt)	letagen	לְטַגֵּן
aquecer (vt)	leχamem	לְחַמֵּם

salgar (vt)	leham'liaχ	לְהַמְלִיחַ
apimentar (vt)	lefalpel	לְפַלְפֵּל
ralar (vt)	lerasek	לְרַסֵּק
casca (f)	klipa	קְלִיפָּה (נ)
descascar (vt)	lekalef	לְקַלֵּף

52. Comida

carne (f)	basar	בָּשָׂר (ז)
galinha (f)	of	עוֹף (ז)
frango (m)	pargit	פַּרְגִּית (נ)
pato (m)	barvaz	בַּרְווָז (ז)
ganso (m)	avaz	אֲווָז (ז)
caça (f)	'tsayid	צַיִד (ז)
peru (m)	'hodu	הוֹדוּ (ז)

carne (f) de porco	basar χazir	בָּשָׂר חֲזִיר (ז)
carne (f) de vitela	basar 'egel	בָּשָׂר עֵגֶל (ז)
carne (f) de carneiro	basar 'keves	בָּשָׂר כֶּבֶשׂ (ז)
carne (f) de vaca	bakar	בָּקָר (ז)
carne (f) de coelho	arnav	אַרְנָב (ז)

chouriço, salsichão (m)	naknik	נַקְנִיק (ז)
salsicha (f)	naknikiya	נַקְנִיקִיָּה (נ)
bacon (m)	'kotel χazir	קוֹתֶל חֲזִיר (ז)
fiambre (f)	basar χazir me'uʃan	בָּשָׂר חֲזִיר מְעוּשָׁן (ז)
presunto (m)	'kotel χazir me'uʃan	קוֹתֶל חֲזִיר מְעוּשָׁן (ז)
patê (m)	pate	פָּטֶה (ז)
fígado (m)	kaved	כָּבֵד (ז)

carne (f) moída	basar taχun	בָּשָׂר טָחוּן (ז)
língua (f)	laʃon	לָשׁוֹן (נ)
ovo (m)	beitsa	בֵּיצָה (נ)
ovos (m pl)	beitsim	בֵּיצִים (נ"ר)
clara (f) do ovo	χelbon	חֶלְבּוֹן (ז)
gema (f) do ovo	χelmon	חֶלְמוֹן (ז)
peixe (m)	dag	דָּג (ו)
mariscos (m pl)	perot yam	פֵּירוֹת יָם (ז"ר)
crustáceos (m pl)	sartana'im	סַרְטָנָאִים (ז"ר)
caviar (m)	kavyar	קָוְיָאר (ז)
caranguejo (m)	sartan yam	סַרְטָן יָם (ז)
camarão (m)	ʃrimps	שְׁרִימְפְּס (ז"ר)
ostra (f)	tsidpat ma'aχal	צִדְפַּת מַאֲכָל (נ)
lagosta (f)	'lobster kotsani	לוֹבְּסְטֶר קוֹצָנִי (ז)
polvo (m)	tamnun	תַּמְנוּן (ז)
lula (f)	kala'mari	קָלָמָארִי (ז)
esturjão (m)	basar haχidkan	בָּשָׂר הַחִדְקָן (ז)
salmão (m)	'salmon	סַלְמוֹן (ז)
halibute (m)	putit	פּוּטִית (נ)
bacalhau (m)	ʃibut	שִׁיבּוּט (ז)
cavala, sarda (f)	kolyas	קוֹלְיָס (ז)
atum (m)	'tuna	טוּנָה (נ)
enguia (f)	tslofaχ	צְלוֹפַח (ז)
truta (f)	forel	פּוֹרֶל (ז)
sardinha (f)	sardin	סַרְדִּין (ז)
lúcio (m)	ze'ev 'mayim	זְאֵב מַיִם (ז)
arenque (m)	ma'liaχ	מָלִיחַ (ז)
pão (m)	'leχem	לֶחֶם (ז)
queijo (m)	gvina	גְּבִינָה (נ)
açúcar (m)	sukar	סוּכָּר (ז)
sal (m)	'melaχ	מֶלַח (ז)
arroz (m)	'orez	אוֹרֶז (ז)
massas (f pl)	'pasta	פַּסְטָה (נ)
talharim (m)	irtiyot	אִטְרִיּוֹת (נ"ר)
manteiga (f)	χem'a	חֶמְאָה (נ)
óleo (m) vegetal	'ʃemen tsimχi	שֶׁמֶן צִמְחִי (ז)
óleo (m) de girassol	'ʃemen χamaniyot	שֶׁמֶן חַמָּנִיּוֹת (ז)
margarina (f)	marga'rina	מַרְגָּרִינָה (נ)
azeitonas (f pl)	zeitim	זֵיתִים (ז"ר)
azeite (m)	'ʃemen 'zayit	שֶׁמֶן זַיִת (ז)
leite (m)	χalav	חָלָב (ז)
leite (m) condensado	χalav merukaz	חָלָב מְרוּכָּז (ז)
iogurte (m)	'yogurt	יוֹגוּרְט (ז)
nata (f) azeda	ʃa'menet	שַׁמֶּנֶת (נ)
nata (f) do leite	ʃa'menet	שַׁמֶּנֶת (נ)

| maionese (f) | mayonez | מָיוֹנֵז (ז) |
| creme (m) | ka'tsefet χem'a | קְצֶפֶת חֶמְאָה (נ) |

grãos (m pl) de cereais	grisim	גְרִיסִים (ז"ר)
farinha (f)	'kemaχ	קֶמַח (ז)
enlatados (m pl)	ʃimurim	שִׁימוּרִים (ז"ר)

flocos (m pl) de milho	ptitei 'tiras	פְּתִיתֵי תִּירָס (ז"ר)
mel (m)	dvaʃ	דְבַשׁ (ז)
doce (m)	riba	רִיבָּה (נ)
pastilha (f) elástica	'mastik	מַסְטִיק (ז)

53. Bebidas

água (f)	'mayim	מַיִם (ז"ר)
água (f) potável	mei ʃtiya	מֵי שְׁתִיָּה (ז"ר)
água (f) mineral	'mayim mine'raliyim	מַיִם מִינֶרָלִיִּים (ז"ר)

sem gás	lo mugaz	לֹא מוּגָז
gaseificada	mugaz	מוּגָז
com gás	mugaz	מוּגָז
gelo (m)	'keraχ	קֶרַח (ז)
com gelo	im 'keraχ	עִם קֶרַח

sem álcool	natul alkohol	נָטוּל אַלְכּוֹהוֹל
bebida (f) sem álcool	maʃke kal	מַשְׁקֶה קַל (ז)
refresco (m)	maʃke mera'anen	מַשְׁקֶה מְרַעֲנֵן (ז)
limonada (f)	limo'nada	לִימוֹנָדָה (נ)

bebidas (f pl) alcoólicas	maʃka'ot χarifim	מַשְׁקָאוֹת חָרִיפִים (ז"ר)
vinho (m)	'yayin	יַיִן (ז)
vinho (m) branco	'yayin lavan	יַיִן לָבָן (ז)
vinho (m) tinto	'yayin adom	יַיִן אָדוֹם (ז)

licor (m)	liker	לִיקֶר (ז)
champanhe (m)	ʃam'panya	שַׁמְפַּנְיָה (נ)
vermute (m)	'vermut	וֶרְמוּט (ז)

uísque (m)	'viski	וִיסְקִי (ז)
vodka (f)	'vodka	וֹודְקָה (נ)
gim (m)	dʒin	ג׳ִין (ז)
conhaque (m)	'konyak	קוֹנְיָאק (ז)
rum (m)	rom	רוֹם (ז)

café (m)	kafe	קָפֶּה (ז)
café (m) puro	kafe ʃaχor	קָפֶּה שָׁחוֹר (ז)
café (m) com leite	kafe hafuχ	קָפֶּה הָפוּךְ (ז)
cappuccino (m)	kapu'tʃino	קָפּוּצ׳ִינוֹ (ז)
café (m) solúvel	kafe names	קָפֶּה נָמֵס (ז)

leite (m)	χalav	חָלָב (ז)
coquetel (m)	kokteil	קוֹקְטֵיל (ז)
batido (m) de leite	'milkʃeik	מִילְקְשֵׁייק (ז)
sumo (m)	mits	מִיץ (ז)

sumo (m) de tomate	mits agvaniyot	מִיץ עַגְבָנִיּוֹת (ז)
sumo (m) de laranja	mits tapuzim	מִיץ תַּפּוּזִים (ז)
sumo (m) fresco	mits saxut	מִיץ סָחוּט (ז)
cerveja (f)	'bira	בִּירָה (נ)
cerveja (f) clara	'bira bahira	בִּירָה בָּהִירָה (נ)
cerveja (f) preta	'bira keha	בִּירָה כֵּהָה (נ)
chá (m)	te	תֶּה (ז)
chá (m) preto	te ʃaxor	תֶּה שָׁחוֹר (ז)
chá (m) verde	te yarok	תֶּה יָרוֹק (ז)

54. Vegetais

legumes (m pl)	yerakot	יְרָקוֹת (ז"ר)
verduras (f pl)	'yerek	יָרָק (ז)
tomate (m)	agvaniya	עַגְבָנִיָּה (נ)
pepino (m)	melafefon	מְלָפְפוֹן (ז)
cenoura (f)	'gezer	גֶּזֶר (ז)
batata (f)	ta'puax adama	תַּפּוּחַ אֲדָמָה (ז)
cebola (f)	batsal	בָּצָל (ז)
alho (m)	ʃum	שׁוּם (ז)
couve (f)	kruv	כְּרוּב (ז)
couve-flor (f)	kruvit	כְּרוּבִית (נ)
couve-de-bruxelas (f)	kruv nitsanim	כְּרוּב נִצָּנִים (ז)
brócolos (m pl)	'brokoli	בְּרוֹקוֹלִי (ז)
beterraba (f)	'selek	סֶלֶק (ז)
beringela (f)	xatsil	חָצִיל (ז)
curgete (f)	kiʃu	קִישׁוּא (ז)
abóbora (f)	'dla'at	דְּלַעַת (נ)
nabo (m)	'lefet	לֶפֶת (נ)
salsa (f)	petro'zilya	פֶּטְרוֹזִילְיָה (נ)
funcho, endro (m)	ʃamir	שָׁמִיר (ז)
alface (f)	'xasa	חַסָּה (נ)
aipo (m)	'seleri	סֶלֶרִי (ז)
espargo (m)	aspa'ragos	אַסְפָּרָגוֹס (ז)
espinafre (m)	'tered	תֶּרֶד (ז)
ervilha (f)	afuna	אֲפוּנָה (נ)
fava (f)	pol	פּוֹל (ז)
milho (m)	'tiras	תִּירָס (ז)
feijão (m)	ʃu'it	שְׁעוּעִית (נ)
pimentão (m)	'pilpel	פִּלְפֵּל (ז)
rabanete (m)	tsnonit	צְנוֹנִית (נ)
alcachofra (f)	artiʃok	אַרְטִישׁוֹק (ז)

55. Frutos. Nozes

fruta (f)	pri	פְּרִי (ז)
maçã (f)	ta'puax	תַּפּוּחַ (ז)
pera (f)	agas	אַגָּס (ז)
limão (m)	limon	לִימוֹן (ז)
laranja (f)	tapuz	תַּפּוּז (ז)
morango (m)	tut sade	תּוּת שָׂדֶה (ז)

tangerina (f)	klemen'tina	קְלֶמֶנְטִינָה (נ)
ameixa (f)	ʃezif	שְׁזִיף (ז)
pêssego (m)	afarsek	אֲפַרְסֵק (ז)
damasco (m)	'miʃmeʃ	מִשְׁמֵשׁ (ז)
framboesa (f)	'petel	פֶּטֶל (ז)
ananás (m)	'ananas	אֲנָנָס (ז)

banana (f)	ba'nana	בָּנָנָה (נ)
melancia (f)	ava'tiax	אֲבַטִּיחַ (ז)
uva (f)	anavim	עֲנָבִים (ז"ר)
ginja (f)	duvdevan	דּוּבְדְּבָן (ז)
cereja (f)	gudgedan	גּוּדְגְּדָן (ז)
meloa (f)	melon	מֵלוֹן (ז)

toranja (f)	eʃkolit	אֶשְׁכּוֹלִית (נ)
abacate (m)	avo'kado	אָבוֹקָדוֹ (ז)
papaia (f)	pa'paya	פַּפָּאיָה (נ)
manga (f)	'mango	מַנְגוֹ (ז)
romã (f)	rimon	רִימוֹן (ז)

groselha (f) vermelha	dumdemanit aduma	דּוּמְדְּמָנִית אֲדוּמָה (נ)
groselha (f) preta	dumdemanit ʃxora	דּוּמְדְּמָנִית שְׁחוֹרָה (נ)
groselha (f) espinhosa	xazarzar	חֲזַרְזַר (ז)
mirtilo (m)	uxmanit	אוּכְמָנִית (נ)
amora silvestre (f)	'petel ʃaxor	פֶּטֶל שָׁחוֹר (ז)

uvas (f pl) passas	tsimukim	צִימוּקִים (ז"ר)
figo (m)	te'ena	תְּאֵנָה (נ)
tâmara (f)	tamar	תָּמָר (ז)

amendoim (m)	botnim	בּוֹטְנִים (ז"ר)
amêndoa (f)	ʃaked	שָׁקֵד (ז)
noz (f)	egoz 'melex	אֱגוֹז מֶלֶךְ (ז)
avelã (f)	egoz ilsar	אֱגוֹז אִלְסָר (ז)
coco (m)	'kokus	קוֹקוּס (ז)
pistáchios (m pl)	'fistuk	פִּיסְטוּק (ז)

56. Pão. Bolaria

pastelaria (f)	mutsrei kondi'torya	מוּצְרֵי קוֹנְדִיטוֹרְיָה (ז"ר)
pão (m)	'lexem	לֶחֶם (ז)
bolacha (f)	ugiya	עוּגִיָּה (נ)
chocolate (m)	'ʃokolad	שׁוֹקוֹלָד (ז)
de chocolate	mi'ʃokolad	מְשׁוֹקוֹלָד

rebuçado (m)	sukariya	סֻכָּרִיָּה (נ)
bolo (cupcake, etc.)	uga	עוּגָה (נ)
bolo (m) de aniversário	uga	עוּגָה (נ)
tarte (~ de maçã)	pai	פַּאי (ז)
recheio (m)	milui	מִילּוּי (ז)
doce (m)	riba	רִיבָּה (נ)
geleia (f) de frutas	marme'lada	מַרְמְלָדָה (נ)
waffle (m)	'vaflim	וָפְלִים (ז"ר)
gelado (m)	'glida	גְלִידָה (נ)
pudim (m)	'puding	פּוּדִינג (ז)

57. Especiarias

sal (m)	'melaχ	מֶלַח (ז)
salgado	ma'luaχ	מָלוּחַ
salgar (vt)	leham'liaχ	לְהַמְלִיחַ
pimenta (f) preta	'pilpel ʃaχor	פִּלְפֵּל שָׁחוֹר (ז)
pimenta (f) vermelha	'pilpel adom	פִּלְפֵּל אָדֹם (ז)
mostarda (f)	χardal	חַרְדָּל (ז)
raiz-forte (f)	χa'zeret	חֲזֶרֶת (נ)
condimento (m)	'rotev	רוֹטֶב (ז)
especiaria (f)	tavlin	תַבְלִין (ז)
molho (m)	'rotev	רוֹטֶב (ז)
vinagre (m)	'χomets	חוֹמֶץ (ז)
anis (m)	kamnon	כַּמְנוֹן (ז)
manjericão (m)	reχan	רֵיחָן (ז)
cravo (m)	tsi'poren	צִיפּוֹרֶן (ז)
gengibre (m)	'dʒindʒer	ג'ינג'ר (ז)
coentro (m)	'kusbara	כּוּסְבָּרָה (נ)
canela (f)	kinamon	קִינָמוֹן (ז)
sésamo (m)	'ʃumʃum	שׁוּמְשׁוֹם (ז)
folhas (f pl) de louro	ale dafna	עֲלֵה דָפְנָה (ז)
páprica (f)	'paprika	פַּפְרִיקָה (נ)
cominho (m)	'kimel	קִימֶל (ז)
açafrão (m)	ze'afran	זְעַפְרָן (ז)

INFORMAÇÃO PESSOAL. FAMÍLIA

58. Informação pessoal. Formulários

nome (m)	ʃem	שֵׁם (ז)
apelido (m)	ʃem miʃpaχa	שֵׁם מִשְׁפָּחָה (ז)
data (f) de nascimento	ta'ariχ leda	תַּאֲרִיךְ לֵידָה (ז)
local (m) de nascimento	mekom leda	מְקוֹם לֵידָה (ז)
nacionalidade (f)	le'om	לְאוֹם (ז)
lugar (m) de residência	mekom megurim	מְקוֹם מְגוּרִים (ז)
país (m)	medina	מְדִינָה (נ)
profissão (f)	mik'tso'a	מִקְצוֹעַ (ז)
sexo (m)	min	מִין (ז)
estatura (f)	'gova	גּוֹבַה (ז)
peso (m)	miʃkal	מִשְׁקָל (ז)

59. Membros da família. Parentes

mãe (f)	em	אֵם (נ)
pai (m)	av	אָב (ז)
filho (m)	ben	בֵּן (ז)
filha (f)	bat	בַּת (נ)
filha (f) mais nova	habat haktana	הַבַּת הַקְּטַנָּה (נ)
filho (m) mais novo	haben hakatan	הַבֵּן הַקָּטָן (ז)
filha (f) mais velha	habat habχora	הַבַּת הַבְּכוֹרָה (נ)
filho (m) mais velho	haben habχor	הַבֵּן הַבְּכוֹר (ז)
irmão (m)	aχ	אָח (ז)
irmão (m) mais velho	aχ gadol	אָח גָּדוֹל (ז)
irmão (m) mais novo	aχ katan	אָח קָטָן (ז)
irmã (f)	aχot	אָחוֹת (נ)
irmã (f) mais velha	aχot gdola	אָחוֹת גְדוֹלָה (נ)
irmã (f) mais nova	aχot ktana	אָחוֹת קְטַנָּה (נ)
primo (m)	ben dod	בֶּן דּוֹד (ז)
prima (f)	bat 'doda	בַּת דּוֹדָה (נ)
mamã (f)	'ima	אִמָּא (נ)
papá (m)	'aba	אַבָּא (ז)
pais (pl)	horim	הוֹרִים (ז"ר)
criança (f)	'yeled	יֶלֶד (ז)
crianças (f pl)	yeladim	יְלָדִים (ז"ר)
avó (f)	'savta	סַבְתָּא (נ)
avô (m)	'saba	סַבָּא (ז)
neto (m)	'neχed	נֶכֶד (ז)

| neta (f) | neχda | נֶכְדָּה (נ) |
| netos (pl) | neχadim | נְכָדִים (ז"ר) |

tio (m)	dod	דּוֹד (ז)
tia (f)	'doda	דּוֹדָה (נ)
sobrinho (m)	aχyan	אַחְיָן (ז)
sobrinha (f)	aχyanit	אַחְיָנִית (נ)

sogra (f)	χamot	חָמוֹת (נ)
sogro (m)	χam	חָם (ז)
genro (m)	χatan	חָתָן (ז)
madrasta (f)	em χoreget	אֵם חוֹרֶגֶת (נ)
padrasto (m)	av χoreg	אָב חוֹרֵג (ז)

criança (f) de colo	tinok	תִּינוֹק (ז)
bebé (m)	tinok	תִּינוֹק (ז)
menino (m)	pa'ot	פָּעוֹט (ז)

mulher (f)	iʃa	אִשָּׁה (נ)
marido (m)	'ba'al	בַּעַל (ז)
esposo (m)	ben zug	בֶּן זוּג (ז)
esposa (f)	bat zug	בַּת זוּג (נ)

casado	nasui	נָשׂוּי
casada	nesu'a	נְשׂוּאָה
solteiro	ravak	רַוָּק
solteirão (m)	ravak	רַוָּק (ז)
divorciado	garuʃ	גָּרוּשׁ
viúva (f)	almana	אַלְמָנָה (נ)
viúvo (m)	alman	אַלְמָן (ז)

parente (m)	karov miʃpaχa	קָרוֹב מִשְׁפָּחָה (ז)
parente (m) próximo	karov miʃpaχa	קָרוֹב מִשְׁפָּחָה (ז)
parente (m) distante	karov raχok	קָרוֹב רָחוֹק (ז)
parentes (m pl)	krovei miʃpaχa	קְרוֹבֵי מִשְׁפָּחָה (ז"ר)

órfão (m), órfã (f)	yatom	יָתוֹם (ז)
órfão (m)	yatom	יָתוֹם (ז)
órfã (f)	yetoma	יְתוֹמָה (נ)
tutor (m)	apo'tropos	אֲפּוֹטְרוֹפּוֹס (ז)
adotar (um filho)	le'amets	לְאַמֵּץ
adotar (uma filha)	le'amets	לְאַמֵּץ

60. Amigos. Colegas de trabalho

amigo (m)	χaver	חָבֵר (ז)
amiga (f)	χavera	חֲבֵרָה (נ)
amizade (f)	yedidut	יְדִידוּת (נ)
ser amigos	lihyot yadidim	לִהְיוֹת יָדִידִים
parceiro (m)	ʃutaf	שׁוּתָף (ז)

chefe (m)	menahel, roʃ	מְנַהֵל (ז), רֹאשׁ (ז)
superior (m)	memune	מְמוּנֶה (ז)
proprietário (m)	be'alim	בְּעָלִים (ז)

subordinado (m)	kafuf le	כָּפוּף ל (ז)
colega (m)	amit	עָמִית (ז)
conhecido (m)	makar	מַכָּר (ז)
companheiro (m) de viagem	ben levaya	בֶּן לְוָיָה (ז)
colega (m) de classe	xaver lekita	חָבֵר לְכִּיתָה (ז)
vizinho (m)	ʃaxen	שָׁכֵן (ז)
vizinha (f)	ʃxena	שְׁכֵנָה (נ)
vizinhos (pl)	ʃxenim	שְׁכֵנִים (ז"ר)

CORPO HUMANO. MEDICINA

61. Cabeça

cabeça (f)	roʃ	רֹאשׁ (ז)
cara (f)	panim	פָּנִים (ז"ר)
nariz (m)	af	אַף (ז)
boca (f)	pe	פֶּה (ז)

olho (m)	'ayin	עַיִן (נ)
olhos (m pl)	ei'nayim	עֵינַיִם (נ"ר)
pupila (f)	iʃon	אִישׁוֹן (ז)
sobrancelha (f)	gaba	גַּבָּה (נ)
pestana (f)	ris	רִיס (ז)
pálpebra (f)	af'af	עַפְעַף (ז)

língua (f)	laʃon	לָשׁוֹן (נ)
dente (m)	ʃen	שֵׁן (נ)
lábios (m pl)	sfa'tayim	שְׂפָתַיִם (נ"ר)
maçãs (f pl) do rosto	aʦamot leχa'yayim	עַצְמוֹת לְחָיַיִם (נ"ר)
gengiva (f)	χani'χayim	חֲנִיכַיִם (ז"ר)
palato (m)	χeχ	חֵךְ (ז)

narinas (f pl)	neχi'rayim	נְחִירַיִם (ז"ר)
queixo (m)	santer	סַנְטֵר (ז)
mandíbula (f)	'leset	לֶסֶת (נ)
bochecha (f)	'leχi	לֶחִי (נ)

testa (f)	'meʦaχ	מֵצַח (ז)
têmpora (f)	raka	רַקָּה (נ)
orelha (f)	'ozen	אֹזֶן (נ)
nuca (f)	'oref	עֹרֶף (ז)
pescoço (m)	ʦavar	צַוָּאר (ז)
garganta (f)	garon	גָּרוֹן (ז)

cabelos (m pl)	se'ar	שֵׂיעָר (ז)
penteado (m)	tis'roket	תִּסְרֹקֶת (נ)
corte (m) de cabelo	tis'poret	תִּסְפֹּרֶת (נ)
peruca (f)	pe'a	פֵּאָה (נ)

bigode (m)	safam	שָׂפָם (ז)
barba (f)	zakan	זָקָן (ז)
usar, ter (~ barba, etc.)	legadel	לְגַדֵּל
trança (f)	ʦama	צַמָּה (נ)
suíças (f pl)	pe'ot leχa'yayim	פֵּאוֹת לְחָיַיִם (נ"ר)

ruivo	'dʒindʒi	גִּ'ינגִ'י
grisalho	kasuf	כָּסוּף
calvo	ke'reaχ	קֵירֵחַ
calva (f)	ka'raχat	קָרַחַת (נ)

rabo-de-cavalo (m)	'kuku	קוּקוּ (ז)
franja (f)	'poni	פּוֹנִי (ז)

62. Corpo humano

mão (f)	kaf yad	כַּף יָד (נ)
braço (m)	yad	יָד (נ)
dedo (m)	'etsba	אֶצְבַּע (נ)
dedo (m) do pé	'bohen	בּוֹהֶן (נ)
polegar (m)	agudal	אֲגוּדָל (ז)
dedo (m) mindinho	'zeret	זֶרֶת (נ)
unha (f)	tsi'poren	צִיפּוֹרֶן (נ)
punho (m)	egrof	אֶגְרוֹף (ז)
palma (f) da mão	kaf yad	כַּף יָד (נ)
pulso (m)	ʃoreʃ kaf hayad	שׁוֹרֶשׁ כַּף הַיָד (ז)
antebraço (m)	ama	אַמָה (ז)
cotovelo (m)	marpek	מַרְפֵּק (ז)
ombro (m)	katef	כָּתֵף (נ)
perna (f)	'regel	רֶגֶל (נ)
pé (m)	kaf 'regel	כַּף רֶגֶל (נ)
joelho (m)	'berex	בֶּרֶךְ (נ)
barriga (f) da perna	ʃok	שׁוֹק (ז)
anca (f)	yarex	יָרֵךְ (ז)
calcanhar (m)	akev	עָקֵב (ז)
corpo (m)	guf	גוּף (ז)
barriga (f)	'beten	בֶּטֶן (נ)
peito (m)	xaze	חָזֶה (ז)
seio (m)	ʃad	שַׁד (ז)
lado (m)	tsad	צַד (ז)
costas (f pl)	gav	גַב (ז)
região (f) lombar	mot'nayim	מוֹתְנַיִים (ז"ר)
cintura (f)	'talya	טַלְיָה (נ)
umbigo (m)	tabur	טַבּוּר (ז)
nádegas (f pl)	axo'rayim	אֲחוֹרַיִים (ז"ר)
traseiro (m)	yaʃvan	יַשְׁבָן (ז)
sinal (m)	nekudat xen	נְקוּדַת חֵן (נ)
sinal (m) de nascença	'ketem leida	כֶּתֶם לֵידָה (ז)
tatuagem (f)	ka'a'ku'a	קַעֲקוּעַ (ז)
cicatriz (f)	tsa'leket	צַלֶקֶת (נ)

63. Doenças

doença (f)	maxala	מַחֲלָה (נ)
estar doente	lihyot xole	לִהְיוֹת חוֹלֶה
saúde (f)	bri'ut	בְּרִיאוּת (נ)
nariz (m) a escorrer	na'zelet	נַזֶלֶת (נ)

amigdalite (f)	da'leket ʃkedim	דַּלֶּקֶת שְׁקֵדִים (נ)
constipação (f)	hitstanenut	הִצְטַנְּנוּת (נ)
constipar-se (vr)	lehitstanen	לְהִצְטַנֵּן
bronquite (f)	bron'χitis	בְּרוֹנְכִיטִיס (ז)
pneumonia (f)	da'leket re'ot	דַּלֶּקֶת רֵיאוֹת (נ)
gripe (f)	ʃa'pa'at	שַׁפַּעַת (נ)
míopo	ktsar re'iya	עִצּוּ וְאִיָּוֹ
presbita	reχok re'iya	רְחוֹק־רְאִיָּה
estrabismo (m)	pzila	פְּזִילָה (נ)
estrábico	pozel	פּוֹזֵל
catarata (f)	katarakt	קָטָרַקְט (ז)
glaucoma (m)	gla'u'koma	גְּלָאוּקוֹמָה (נ)
AVC (m), apoplexia (f)	ʃavats moχi	שָׁבָץ מוֹחִי (ז)
ataque (m) cardíaco	hetkef lev	הֶתְקֵף לֵב (ז)
enfarte (m) do miocárdio	'otem ʃrir halev	אוֹטֶם שְׁרִיר הַלֵּב (ז)
paralisia (f)	ʃituk	שִׁיתּוּק (ז)
paralisar (vt)	leʃatek	לְשַׁתֵּק
alergia (f)	a'lergya	אָלֶרְגְּיָה (נ)
asma (f)	'astma, ka'tseret	אַסְתְמָה, קַצֶּרֶת (נ)
diabetes (f)	su'keret	סוּכֶּרֶת (נ)
dor (f) de dentes	ke'ev ʃi'nayim	כְּאֵב שִׁינַיִים (ז)
cárie (f)	a'ʃeʃet	עֲשֶׁשֶׁת (נ)
diarreia (f)	ʃilʃul	שִׁלְשׁוּל (ז)
prisão (f) de ventre	atsirut	עֲצִירוּת (נ)
desarranjo (m) intestinal	kilkul keiva	קִלְקוּל קֵיבָה (ז)
intoxicação (f) alimentar	har'alat mazon	הַרְעָלַת מָזוֹן (נ)
intoxicar-se	laχatof har'alat mazon	לַחֲטוֹף הַרְעָלַת מָזוֹן
artrite (f)	da'leket mifrakim	דַּלֶּקֶת מִפְרָקִים (נ)
raquitismo (m)	ra'keχet	רַכֶּכֶת (נ)
reumatismo (m)	ʃigaron	שִׁיגָּרוֹן (ז)
arteriosclerose (f)	ar'teryo skle'rosis	אַרְטֶרְיוֹ־סְקְלֶרוֹסִיס (ז)
gastrite (f)	da'leket keiva	דַּלֶּקֶת קֵיבָה (נ)
apendicite (f)	da'leket toseftan	דַּלֶּקֶת תּוֹסֶפְתָּן (נ)
colecistite (f)	da'leket kis hamara	דַּלֶּקֶת כִּיס הַמָּרָה (נ)
úlcera (f)	'ulkus, kiv	אוּלְקוּס, כִּיב (ז)
sarampo (m)	χa'tsevet	חַצֶּבֶת (נ)
rubéola (f)	a'demet	אַדֶּמֶת (נ)
iterícia (f)	tsa'hevet	צַהֶבֶת (נ)
hepatite (f)	da'leket kaved	דַּלֶּקֶת כָּבֵד (נ)
esquizofrenia (f)	sχizo'frenya	סְכִיזוֹפְרֶנְיָה (נ)
raiva (f)	ka'levet	כַּלֶּבֶת (נ)
neurose (f)	noi'roza	נוֹירוֹזָה (נ)
comoção (f) cerebral	za'a'zu'a 'moaχ	זַעֲזוּעַ מוֹחַ (ז)
cancro (m)	sartan	סַרְטָן (ז)
esclerose (f)	ta'reʃet	טָרֶשֶׁת (נ)

esclerose (f) múltipla	ta'refet nefotsa	טָרֶשֶׁת נְפוֹצָה (נ)
alcoolismo (m)	alkoholizm	אַלכּוֹהוֹלִיזם (ז)
alcoólico (m)	alkoholist	אַלכּוֹהוֹלִיסט (ז)
sífilis (f)	a'gevet	עַגֶּבֶת (נ)
SIDA (f)	eids	אֵיידס (ז)

tumor (m)	gidul	גִּידוּל (ז)
maligno	mam'ir	מַמאִיר
benigno	ʃapir	שָׁפִיר

febre (f)	ka'daxat	קַדַּחַת (נ)
malária (f)	ma'larya	מָלַריָה (נ)
gangrena (f)	gan'grena	גַּנגרֶנָה (נ)
enjoo (m)	maxalat yam	מַחֲלַת יָם (נ)
epilepsia (f)	maxalat hanefila	מַחֲלַת הַנְּפִילָה (נ)

epidemia (f)	magefa	מַגֵּיפָה (נ)
tifo (m)	'tifus	טִיפוּס (ז)
tuberculose (f)	ʃa'xefet	שַׁחֶפֶת (נ)
cólera (f)	ko'lera	כּוֹלֶרָה (נ)
peste (f)	davar	דֶּבֶר (ז)

64. Sintomas. Tratamentos. Parte 1

sintoma (m)	simptom	סִימפּטוֹם (ז)
temperatura (f)	xom	חוֹם (ז)
febre (f)	xom ga'voha	חוֹם גָּבוֹהַּ (ז)
pulso (m)	'dofek	דוֹפֶק (ז)

vertigem (f)	sxar'xoret	סחַרחוֹרֶת (נ)
quente (testa, etc.)	xam	חַם
calafrio (m)	tsmar'moret	צמַרמוֹרֶת (נ)
pálido	xiver	חִיוֵּר

tosse (f)	ʃi'ul	שִׁיעוּל (ז)
tossir (vi)	lehiʃta'el	לְהִשׁתַּעֵל
espirrar (vi)	lehit'ateʃ	לְהִתעַטֵּשׁ
desmaio (m)	ilafon	עִילָפוֹן (ז)
desmaiar (vi)	lehit'alef	לְהִתעַלֵּף

nódoa (f) negra	xabura	חַבּוּרָה (נ)
galo (m)	blita	בְּלִיטָה (נ)
magoar-se (vr)	lekabel maka	לְקַבֵּל מַכָּה
pisadura (f)	maka	מַכָּה (נ)
aleijar-se (vr)	lekabel maka	לְקַבֵּל מַכָּה

coxear (vi)	lits'lo'a	לִצלוֹעַ
deslocação (f)	'neka	נֶקַע (ז)
deslocar (vt)	lin'ko'a	לִנקוֹעַ
fratura (f)	'ʃever	שֶׁבֶר (ז)
fraturar (vt)	liʃbor	לִשׁבּוֹר

| corte (m) | xatax | חָתָךְ (ז) |
| cortar-se (vr) | lehixatex | לְהֵיחָתֵךְ |

hemorragia (f)	dimum	דִּימוּם (ז)
queimadura (f)	kviya	כְּווִייָה (נ)
queimar-se (vr)	laxatof kviya	לַחֲטוֹף כְּווִייָה
picar (vt)	lidkor	לִדְקוֹר
picar-se (vr)	lehidaker	לְהִידָקֵר
lesionar (vt)	lif'tso'a	לִפְצוֹעַ
lesão (m)	ptsi'a	פְּצִיעָה (נ)
ferida (f), ferimento (m)	'petsa	פֶּצַע (ז)
trauma (m)	'tra'uma	טְרָאוּמָה (נ)
delirar (vi)	lahazot	לַהֲזוֹת
gaguejar (vi)	legamgem	לְגַמְגֵם
insolação (f)	makat 'femef	מַכַּת שֶׁמֶשׁ (נ)

65. Sintomas. Tratamentos. Parte 2

dor (f)	ke'ev	כְּאֵב (ז)
farpa (no dedo)	kots	קוֹץ (ז)
suor (m)	ze'a	זֵיעָה (נ)
suar (vi)	leha'zi'a	לְהַזִיעַ
vómito (m)	haka'a	הֲקָאָה (נ)
convulsões (f pl)	pirkusim	פִּירְכּוּסִים (ז"ר)
grávida	hara	הָרָה
nascer (vi)	lehivaled	לְהִיוָולֵד
parto (m)	leda	לֵידָה (נ)
dar à luz	la'ledet	לָלֶדֶת
aborto (m)	hapala	הַפָּלָה (נ)
respiração (f)	nefima	נְשִׁימָה (נ)
inspiração (f)	fe'ifa	שְׁאִיפָה (נ)
expiração (f)	nefifa	נְשִׁיפָה (נ)
expirar (vi)	linfof	לִנְשׁוֹף
inspirar (vi)	lif'of	לִשְׁאוֹף
inválido (m)	naxe	נָכֶה (ז)
aleijado (m)	naxe	נָכֶה (ז)
toxicodependente (m)	narkoman	נַרְקוֹמָן (ז)
surdo	xeref	חֵירֵשׁ
mudo	ilem	אִילֵם
surdo-mudo	xeref-ilem	חֵירֵשׁ־אִילֵם
louco (adj.)	mefuga	מְשׁוּגָע
louco (m)	mefuga	מְשׁוּגָע (ז)
louca (f)	mefu'ga'at	מְשׁוּגַעַת (נ)
ficar louco	lehifta'ge'a	לְהִשְׁתַגֵעַ
gene (m)	gen	גֵן (ז)
imunidade (f)	xasinut	חָסִינוּת (נ)
hereditário	torafti	תּוֹרַשְׁתִי
congénito	mulad	מוּלָד

vírus (m)	'virus	וִירוּס (ז)
micróbio (m)	χaidak	חַיְדָּק (ז)
bactéria (f)	bak'terya	בַּקְטֶרְיָה (נ)
infeção (f)	zihum	זִיהוּם (ז)

66. Sintomas. Tratamentos. Parte 3

hospital (m)	beit χolim	בֵּית חוֹלִים (ז)
paciente (m)	metupal	מְטוּפָּל (ז)
diagnóstico (m)	avχana	אַבְחָנָה (נ)
cura (f)	ripui	רִיפּוּי (ז)
tratamento (m) médico	tipul refu'i	טִיפּוּל רְפוּאִי (ז)
curar-se (vr)	lekabel tipul	לְקַבֵּל טִיפּוּל
tratar (vt)	letapel be…	לְטַפֵּל בְּ…
cuidar (pessoa)	letapel be…	לְטַפֵּל בְּ…
cuidados (m pl)	tipul	טִיפּוּל (ז)
operação (f)	ni'tuaχ	נִיתוּחַ (ז)
enfaixar (vt)	laχboʃ	לַחְבּוֹשׁ
enfaixamento (m)	χaviʃa	חֲבִישָׁה (נ)
vacinação (f)	χisun	חִיסוּן (ז)
vacinar (vt)	leχasen	לְחַסֵן
injeção (f)	zrika	זְרִיקָה (נ)
dar uma injeção	lehazrik	לְהַזְרִיק
ataque (~ de asma, etc.)	hetkef	הֶתְקֵף (ז)
amputação (f)	kti'a	קְטִיעָה (נ)
amputar (vt)	lik'to'a	לִקְטוֹעַ
coma (f)	tar'demet	תַּרְדֶּמֶת (נ)
estar em coma	lihyot betar'demet	לִהְיוֹת בְּתַרְדֶּמֶת
reanimação (f)	tipul nimraʦ	טִיפּוּל נִמְרָץ (ז)
recuperar-se (vr)	lehaχlim	לְהַחְלִים
estado (~ de saúde)	maʦav	מַצָּב (ז)
consciência (f)	hakara	הַכָּרָה (נ)
memória (f)	zikaron	זִיכָּרוֹן (ז)
tirar (vt)	la'akor	לַעֲקוֹר
chumbo (m), obturação (f)	stima	סְתִימָה (נ)
chumbar, obturar (vt)	la'asot stima	לַעֲשׂוֹת סְתִימָה
hipnose (f)	hip'noza	הִיפְּנוֹזָה (נ)
hipnotizar (vt)	lehapnet	לְהַפְנֵט

67. Medicina. Drogas. Acessórios

medicamento (m)	trufa	תְּרוּפָה (נ)
remédio (m)	trufa	תְּרוּפָה (נ)
receitar (vt)	lirʃom	לִרְשׁוֹם
receita (f)	mirʃam	מִרְשָׁם (ז)

comprimido (m)	kadur	כַּדּוּר (ז)
pomada (f)	miʃχa	מִשְׁחָה (נ)
ampola (f)	'ampula	אַמְפּוּלָה (נ)
preparado (m)	ta'a'rovet	תַּעֲרוֹבֶת (נ)
xarope (m)	sirop	סִירוֹפּ (ז)
cápsula (f)	gluya	גְּלוּיָה (נ)
remédio (m) em pó	avka	אַבְקָה (נ)
ligadura (f)	taχ'boʃet 'gaza	תַּחְבּוֹשֶׁת גָּאזָה (ז)
algodão (m)	'tsemer 'gefen	צֶמֶר גֶּפֶן (ז)
iodo (m)	yod	יוֹד (ז)
penso (m) rápido	'plaster	פְּלַסְטֶר (ז)
conta-gotas (m)	taf'tefet	טַפְטֶפֶת (נ)
termómetro (m)	madχom	מַדְחוֹם (ז)
seringa (f)	mazrek	מַזְרֵק (ז)
cadeira (f) de rodas	kise galgalim	כִּיסֵא גַלְגַּלִּים (ז)
muletas (f pl)	ka'bayim	קַבַּיִים (ז"ר)
analgésico (m)	meʃakeχ ke'evim	מְשַׁכֵּךְ כְּאֵבִים (ז)
laxante (m)	trufa meʃal'ʃelet	תְּרוּפָה מְשַׁלְשֶׁלֶת (נ)
álcool (m) etílico	'kohal	כֹּוהַל (ז)
ervas (f pl) medicinais	isvei marpe	עִשְׂבֵּי מַרְפֵּא (ז"ר)
de ervas (chá ~)	ʃel asavim	שֶׁל עֲשָׂבִים

APARTAMENTO

68. Apartamento

apartamento (m)	dira	דִּירָה (נ)
quarto (m)	'χeder	חֶדֶר (ז)
quarto (m) de dormir	χadar ʃena	חֲדַר שֵׁינָה (ז)
sala (f) de jantar	pinat 'oχel	פִּינַת אוֹכֶל (נ)
sala (f) de estar	salon	סָלוֹן (ז)
escritório (m)	χadar avoda	חֲדַר עֲבוֹדָה (ז)
antessala (f)	prozdor	פְּרוֹזְדוֹר (ז)
quarto (m) de banho	χadar am'batya	חֲדַר אַמְבַּטְיָה (ז)
toilette (lavabo)	ʃerutim	שֵׁירוּתִים (ז"ר)
teto (m)	tikra	תִּקְרָה (נ)
chão, soalho (m)	ritspa	רִצְפָּה (נ)
canto (m)	pina	פִּינָה (נ)

69. Mobiliário. Interior

mobiliário (m)	rehitim	רָהִיטִים (ז"ר)
mesa (f)	ʃulχan	שׁוּלְחָן (ז)
cadeira (f)	kise	כִּסֵּא (ז)
cama (f)	mita	מִיטָה (נ)
divã (m)	sapa	סַפָּה (נ)
cadeirão (m)	kursa	כּוּרְסָה (נ)
estante (f)	aron sfarim	אָרוֹן סְפָרִים (ז)
prateleira (f)	madaf	מַדָּף (ז)
guarda-vestidos (m)	aron bgadim	אָרוֹן בְּגָדִים (ז)
cabide (m) de parede	mitle	מִתְלֶה (ז)
cabide (m) de pé	mitle	מִתְלֶה (ז)
cómoda (f)	ʃida	שִׁידָה (נ)
mesinha (f) de centro	ʃulχan itonim	שׁוּלְחַן עִיתּוֹנִים (ז)
espelho (m)	mar'a	מַרְאָה (נ)
tapete (m)	ʃa'tiaχ	שָׁטִיחַ (ז)
tapete (m) pequeno	ʃa'tiaχ	שָׁטִיחַ (ז)
lareira (f)	aχ	אָח (נ)
vela (f)	ner	נֵר (ז)
castiçal (m)	pamot	פָּמוֹט (ז)
cortinas (f pl)	vilonot	וִילוֹנוֹת (ז"ר)
papel (m) de parede	tapet	טַפֶּט (ז)

estores (f pl)	trisim	תְּרִיסִים (ז״ר)
candeeiro (m) de mesa	menorat ʃulχan	מְנוֹרַת שׁוּלְחָן (נ)
candeeiro (m) de parede	menorat kir	מְנוֹרַת קִיר (נ)
candeeiro (m) de pé	menora o'medet	מְנוֹרָה עוֹמֶדֶת (נ)
lustre (m)	niv'reʃet	נִבְרֶשֶׁת (נ)
pé (de mesa, etc.)	'regel	רֶגֶל (נ)
braço (m)	miʃ'enet yad	מִשְׁעֶנֶת יָד (נ)
costas (f pl)	miʃ'enet	מִשְׁעֶנֶת (נ)
gaveta (f)	megera	מְגֵרָה (נ)

70. Quarto de dormir

roupa (f) de cama	matsa'im	מַצָּעִים (ז״ר)
almofada (f)	karit	כָּרִית (נ)
fronha (f)	tsipit	צִיפִּית (נ)
cobertor (m)	smiχa	שְׂמִיכָה (נ)
lençol (m)	sadin	סָדִין (ז)
colcha (f)	kisui mita	כִּיסּוּי מִיטָה (ז)

71. Cozinha

cozinha (f)	mitbaχ	מִטְבָּח (ז)
gás (m)	gaz	גָּז (ז)
fogão (m) a gás	tanur gaz	תַּנּוּר גָּז (ז)
fogão (m) elétrico	tanur χaʃmali	תַּנּוּר חַשְׁמַלִּי (ז)
forno (m)	tanur afiya	תַּנּוּר אֲפִיָּיה (ז)
forno (m) de micro-ondas	mikrogal	מִיקְרוֹגַל (ז)
frigorífico (m)	mekarer	מְקָרֵר (ז)
congelador (m)	makpi	מַקְפִּיא (ז)
máquina (f) de lavar louça	me'diaχ kelim	מֵדִיחַ כֵּלִים (ז)
moedor (m) de carne	matχenat basar	מַטְחֲנַת בָּשָׂר (נ)
espremedor (m)	masχeta	מַסְחֵטָה (נ)
torradeira (f)	'toster	טוֹסְטֶר (ז)
batedeira (f)	'mikser	מִיקְסֶר (ז)
máquina (f) de café	meχonat kafe	מְכוֹנַת קָפֶה (נ)
cafeteira (f)	findʒan	פִינְגֶ׳אן (ז)
moinho (m) de café	matχenat kafe	מַטְחֲנַת קָפֶה (נ)
chaleira (f)	kumkum	קוּמְקוּם (ז)
bule (m)	kumkum	קוּמְקוּם (ז)
tampa (f)	miχse	מִכְסֶה (ז)
coador (m) de chá	mis'nenet te	מְסַנֶּנֶת תֵּה (נ)
colher (f)	kaf	כַּף (נ)
colher (f) de chá	kapit	כַּפִּית (נ)
colher (f) de sopa	kaf	כַּף (נ)
garfo (m)	mazleg	מַזְלֵג (ז)
faca (f)	sakin	סַכִּין (ז, נ)

louça (f)	kelim	כֵּלִים (ז״ר)
prato (m)	tsa'laxat	צַלַּחַת (נ)
pires (m)	taxtit	תַּחְתִּית (נ)
cálice (m)	kosit	כּוֹסִית (נ)
copo (m)	kos	כּוֹס (נ)
chávena (f)	'sefel	סֵפֶל (ז)
açucareiro (m)	mis'keret	מִסְכֶּרֶת (נ)
saleiro (m)	milxiya	מֶלְחִיָּה (נ)
pimenteiro (m)	pilpeliya	פִּלְפְּלִיָּה (נ)
manteigueira (f)	maxame'a	מַחְמָאָה (נ)
panela, caçarola (f)	sir	סִיר (ז)
frigideira (f)	maxvat	מַחְבַת (נ)
concha (f)	tarvad	תַּרְוָד (ז)
passador (m)	mis'nenet	מְסַנֶּנֶת (נ)
bandeja (f)	magaʃ	מַגָשׁ (ז)
garrafa (f)	bakbuk	בַּקְבּוּק (ז)
boião (m) de vidro	tsin'tsenet	צִנְצֶנֶת (נ)
lata (f)	paxit	פַּחִית (נ)
abre-garrafas (m)	potxan bakbukim	פּוֹתְחָן בַּקְבּוּקִים (ז)
abre-latas (m)	potxan kufsa'ot	פּוֹתְחָן קוּפְסָאוֹת (ז)
saca-rolhas (m)	maxlets	מַחְלֵץ (ז)
filtro (m)	'filter	פִּילְטֶר (ז)
filtrar (vt)	lesanen	לְסַנֵן
lixo (m)	'zevel	זֶבֶל (ז)
balde (m) do lixo	pax 'zovel	פַּח זֶבֶל (ז)

72. Casa de banho

quarto (m) de banho	xadar am'batya	חֲדַר אַמְבַּטְיָה (ז)
água (f)	'mayim	מַיִם (ז״ר)
torneira (f)	'berez	בֶּרֶז (ז)
água (f) quente	'mayim xamim	מַיִם חַמִּים (ז״ר)
água (f) fria	'mayim karim	מַיִם קָרִים (ז״ר)
pasta (f) de dentes	miʃxat ʃi'nayim	מִשְׁחַת שִׁינַיִים (נ)
escovar os dentes	letsax'tseax ʃi'nayim	לְצַחְצֵחַ שִׁינַיִים
escova (f) de dentes	miv'reʃet ʃi'nayim	מִבְרֶשֶׁת שִׁינַיִים (נ)
barbear-se (vr)	lehitga'leax	לְהִתְגַּלֵחַ
espuma (f) de barbear	'ketsef gi'luax	קֶצֶף גִּילוּחַ (ז)
máquina (f) de barbear	'ta'ar	תַּעַר (ז)
lavar (vt)	liʃtof	לִשְׁטוֹף
lavar-se (vr)	lehitraxets	לְהִתְרַחֵץ
duche (m)	mik'laxat	מִקְלַחַת (נ)
tomar um duche	lehitka'leax	לְהִתְקַלֵּחַ
banheira (f)	am'batya	אַמְבַּטְיָה (נ)
sanita (f)	asla	אַסְלָה (נ)

lavatório (m)	kiyor	כִּיוֹר (ז)
sabonete (m)	sabon	סַבּוֹן (ז)
saboneteira (f)	saboniya	סַבּוֹנִיָּה (נ)

esponja (f)	sfog 'lifa	סְפוֹג לִיפָה (ז)
champô (m)	ʃampu	שַׁמְפּוּ (ז)
toalha (f)	ma'gevet	מַגֶּבֶת (נ)
roupão (m) de banho	χaluk raχatsa	חָלוּק רַחְצָה (ז)

lavagem (f)	kvisa	כְּבִיסָה (נ)
máquina (f) de lavar	meχonat kvisa	מְכוֹנַת כְּבִיסָה (נ)
lavar a roupa	leχabes	לְכַבֵּס
detergente (m)	avkat kvisa	אַבְקַת כְּבִיסָה (נ)

73. Eletrodomésticos

televisor (m)	tele'vizya	טֶלֶוְוִיזְיָה (נ)
gravador (m)	teip	טֵייפּ (ז)
videogravador (m)	maχʃir 'vide'o	מַכְשִׁיר וִידֵאוֹ (ז)
rádio (m)	'radyo	רַדְיוֹ (ז)
leitor (m)	nagan	נַגָּן (ז)

projetor (m)	makren	מַקְרֵן (ז)
cinema (m) em casa	kol'no'a beiti	קוֹלְנוֹעַ בֵּיתִי (ז)
leitor (m) de DVD	nagan dividi	נַגָּן DVD (ז)
amplificador (m)	magber	מַגְבֵּר (ז)
console (f) de jogos	maχʃir plei'steiʃen	מַכְשִׁיר פְּלַייסְטֵיישֶׁן (ז)

câmara (f) de vídeo	matslemat 'vide'o	מַצְלֵמַת וִידֵאוֹ (נ)
máquina (f) fotográfica	matslema	מַצְלֵמָה (נ)
câmara (f) digital	matslema digi'talit	מַצְלֵמָה דִּיגִיטָלִית (נ)

aspirador (m)	ʃo'ev avak	שׁוֹאֵב אָבָק (ז)
ferro (m) de engomar	maghets	מַגְהֵץ (ז)
tábua (f) de engomar	'kereʃ gihuts	קֶרֶשׁ גִּיהוּץ (ז)

telefone (m)	'telefon	טֶלֶפוֹן (ז)
telemóvel (m)	'telefon nayad	טֶלֶפוֹן נַיָּיד (ז)
máquina (f) de escrever	meχonat ktiva	מְכוֹנַת כְּתִיבָה (נ)
máquina (f) de costura	meχonat tfira	מְכוֹנַת תְּפִירָה (נ)

microfone (m)	mikrofon	מִיקְרוֹפוֹן (ז)
auscultadores (m pl)	ozniyot	אוֹזְנִיּוֹת (נ״ר)
controlo remoto (m)	'ʃelet	שֶׁלֶט (ז)

CD (m)	taklitor	תַקְלִיטוֹר (ז)
cassete (f)	ka'letet	קַלֶּטֶת (נ)
disco (m) de vinil	taklit	תַקְלִיט (ז)

A TERRA. TEMPO

74. Espaço sideral

cosmos (m)	χalal	חָלָל (ז)
cósmico	ʃel χalal	שֶׁל חָלָל
espaço (m) cósmico	χalal χitson	חָלָל חִיצוֹן (ז)
mundo (m)	olam	עוֹלָם (ז)
universo (m)	yekum	יְקוּם (ז)
galáxia (f)	ga'laksya	גָּלַקְסְיָה (נ)
estrela (f)	koχav	כּוֹכָב (ז)
constelação (f)	tsvir koχavim	צְבִיר כּוֹכָבִים (ז)
planeta (m)	koχav 'leχet	כּוֹכָב לֶכֶת (ז)
satélite (m)	lavyan	לַוְיָן (ז)
meteorito (m)	mete'orit	מֶטֶאוֹרִיט (ז)
cometa (m)	koχav ʃavit	כּוֹכָב שָׁבִיט (ז)
asteroide (m)	aste'ro'id	אַסְטֶרוֹאִיד (ז)
órbita (f)	maslul	מַסְלוּל (ז)
girar (vi)	lesovev	לְסוֹבֵב
atmosfera (f)	atmos'fera	אַטְמוֹסְפֵרָה (נ)
Sol (m)	'ʃemeʃ	שֶׁמֶשׁ (נ)
Sistema (m) Solar	ma'a'reχet ha'ʃemeʃ	מַעֲרֶכֶת הַשֶּׁמֶשׁ (נ)
eclipse (m) solar	likui χama	לִיקוּי חַמָה (ז)
Terra (f)	kadur ha''arets	כַּדוּר הָאָרֶץ (ז)
Lua (f)	ya'reaχ	יָרֵחַ (ז)
Marte (m)	ma'adim	מַאֲדִים (ז)
Vénus (f)	'noga	נוֹגַהּ (ז)
Júpiter (m)	'tsedek	צֶדֶק (ז)
Saturno (m)	ʃabtai	שַׁבְתַאי (ז)
Mercúrio (m)	koχav χama	כּוֹכָב חַמָה (ז)
Urano (m)	u'ranus	אוּרָנוּס (ז)
Neptuno (m)	neptun	נֶפְטוּן (ז)
Plutão (m)	'pluto	פְּלוּטוֹ (ז)
Via Láctea (f)	ʃvil haχalav	שְׁבִיל הֶחָלָב (ז)
Ursa Maior (f)	duba gdola	דוּבָּה גְדוֹלָה (נ)
Estrela Polar (f)	koχav hatsafon	כּוֹכָב הַצָּפוֹן (ז)
marciano (m)	toʃav ma'adim	תּוֹשָׁב מַאֲדִים (ז)
extraterrestre (m)	χutsan	חוּצָן (ז)
alienígena (m)	χaizar	חַיְזָר (ז)
disco (m) voador	tsa'laχat me'o'fefet	צַלַחַת מְעוֹפֶפֶת (נ)
nave (f) espacial	χalalit	חֲלָלִית (נ)

| estação (f) orbital | taxanat xalal | תַּחֲנַת חָלָל (נ) |
| lançamento (m) | hamra'a | הַמְרָאָה (נ) |

motor (m)	ma'no'a	מָנוֹעַ (ז)
bocal (m)	nexir	נְחִיר (ז)
combustível (m)	'delek	דֶּלֶק (ז)

cabine (f)	'kokpit	קוֹקְפִּיט (ז)
antena (f)	an'tena	אַנְטֶנָה (נ)
vigia (f)	eʃnav	אֶשְׁנָב (ז)
bateria (f) solar	'luax so'lari	לוּחַ סוֹלָרִי (ז)
traje (m) espacial	xalifat xalal	חֲלִיפַת חָלָל (נ)

imponderabilidade (f)	'xoser miʃkal	חוֹסֶר מִשְׁקָל (ז)
oxigénio (m)	xamtsan	חַמְצָן (ז)
acoplagem (f)	agina	עֲגִינָה (נ)
fazer uma acoplagem	la'agon	לַעֲגוֹן

observatório (m)	mitspe koxavim	מִצְפֶּה כּוֹכָבִים (ז)
telescópio (m)	teleskop	טֶלֶסְקוֹפ (ז)
observar (vt)	litspot, lehaʃkif	לִצְפּוֹת, לְהַשְׁקִיף
explorar (vt)	laxkor	לַחְקוֹר

75. A Terra

Terra (f)	kadur ha''arets	כַּדּוּר הָאָרֶץ (ז)
globo terrestre (Terra)	kadur ha''arets	כַּדּוּר הָאָרֶץ (ז)
planeta (m)	koxav 'lexet	כּוֹכָב לֶכֶת (ז)

atmosfera (f)	atmos'fera	אַטְמוֹסְפֶרָה (נ)
geografia (f)	ge'o'grafya	גֵּיאוֹגְרַפְיָה (נ)
natureza (f)	'teva	טֶבַע (ז)

globo (mapa esférico)	'globus	גְּלוֹבּוּס (ז)
mapa (m)	mapa	מַפָּה (נ)
atlas (m)	'atlas	אַטְלָס (ז)

Europa (f)	ei'ropa	אֵירוֹפָּה (נ)
Ásia (f)	'asya	אַסְיָה (נ)
África (f)	'afrika	אַפְרִיקָה (נ)
Austrália (f)	ost'ralya	אוֹסְטְרַלְיָה (נ)

América (f)	a'merika	אָמֶרִיקָה (נ)
América (f) do Norte	a'merika hatsfonit	אָמֶרִיקָה הַצְפוֹנִית (נ)
América (f) do Sul	a'merika hadromit	אָמֶרִיקָה הַדְרוֹמִית (נ)
Antártida (f)	ya'beʃet an'tarktika	יַבֶּשֶׁת אַנְטַארְקְטִיקָה (נ)
Ártico (m)	'arktika	אַרְקְטִיקָה (נ)

76. Pontos cardeais

| norte (m) | tsafon | צָפוֹן (ז) |
| para norte | tsa'fona | צָפוֹנָה |

no norte	batsafon	בַּצָפוֹן
do norte	tsfoni	צפוֹנִי
sul (m)	darom	דָרוֹם (ז)
para sul	da'roma	דָרוֹמָה
no sul	badarom	בַּדָרוֹם
do sul	dromi	דרוֹמִי
oeste, ocidente (m)	ma'arav	מַעֲרָב (ז)
para oeste	ma'a'rava	מַעֲרָבָה
no oeste	bama'arav	בַּמַעֲרָב
ocidental	ma'aravi	מַעֲרָבִי
leste, oriente (m)	mizraχ	מִזרָח (ז)
para leste	miz'raχa	מִזרָחָה
no leste	bamizraχ	בַּמִזרָח
oriental	mizraχi	מִזרָחִי

77. Mar. Oceano

mar (m)	yam	יָם (ז)
oceano (m)	ok'yanos	אוֹקיָאנוֹס (ז)
golfo (m)	mifrats	מִפרָץ (ז)
estreito (m)	meitsar	מֵיצָר (ז)
terra (f) firme	yabaſa	יַבָּשָה (נ)
continente (m)	ya'beſet	יַבָּשֶת (נ)
ilha (f)	i	אִי (ז)
península (f)	χatsi i	חֲצִי אִי (ז)
arquipélago (m)	arχipelag	אַרכִיפֶּלָג (ז)
baía (f)	mifrats	מִפרָץ (ז)
porto (m)	namal	נָמֵל (ז)
lagoa (f)	la'guna	לָגוּנָה (נ)
cabo (m)	kef	כֵּף (ז)
atol (m)	atol	אָטוֹל (ז)
recife (m)	ſunit	שוּנִית (נ)
coral (m)	almog	אַלמוֹג (ז)
recife (m) de coral	ſunit almogim	שוּנִית אַלמוֹגִים (נ)
profundo	amok	עָמוֹק
profundidade (f)	'omek	עוֹמֶק (ז)
abismo (m)	tehom	תְהוֹם (נ)
fossa (f) oceânica	maχteſ	מַכתֵש (ז)
corrente (f)	'zerem	זֶרֶם (ז)
banhar (vt)	lehakif	לְהַקִיף
litoral (m)	χof	חוֹף (ז)
costa (f)	χof yam	חוֹף יָם (ז)
maré (f) alta	ge'ut	גֵּאוּת (נ)
refluxo (m), maré (f) baixa	'ſefel	שֵׁפֶל (ז)

restinga (f)	sirton	שִׂרְטוֹן (ז)
fundo (m)	karka'it	קַרְקָעִית (נ)
onda (f)	gal	גַּל (ז)
crista (f) da onda	pisgat hagal	פִּסְגַּת הַגַּל (נ)
espuma (f)	'ketsef	קֶצֶף (ז)
tempestade (f)	sufa	סוּפָה (נ)
furacão (m)	hurikan	הוֹרִיקָן (ז)
tsunami (m)	tsu'nami	צוּנָאמִי (ז)
calmaria (f)	'roga	רוֹגַע (ז)
calmo	ʃalev	שָׁלֵו
polo (m)	'kotev	קוֹטֶב (ז)
polar	kotbi	קוֹטְבִּי
latitude (f)	kav 'roxav	קַו רוֹחַב (ז)
longitude (f)	kav 'orex	קַו אוֹרֶךְ (ז)
paralela (f)	kav 'roxav	קַו רוֹחַב (ז)
equador (m)	kav hamaʃve	קַו הַמַשְׁוֶה (ז)
céu (m)	ʃa'mayim	שָׁמַיִם (ז"ר)
horizonte (m)	'ofek	אוֹפֶק (ז)
ar (m)	avir	אֲוִיר (ז)
farol (m)	migdalor	מִגְדַּלּוֹר (ז)
mergulhar (vi)	litslol	לִצְלֹל
afundar-se (vr)	lit'bo'a	לִטְבּוֹעַ
tesouros (m pl)	otsarot	אוֹצָרוֹת (ז"ר)

78. Nomes de Mares e Oceanos

Oceano (m) Atlântico	ha'ok'yanus ha'at'lanti	הָאוֹקְיָינוֹס הָאַטְלַנְטִי (ז)
Oceano (m) Índico	ha'ok'yanus ha'hodi	הָאוֹקְיָינוֹס הַהוֹדִי (ז)
Oceano (m) Pacífico	ha'ok'yanus haʃaket	הָאוֹקְיָינוֹס הַשָׁקֵט (ז)
Oceano (m) Ártico	ok'yanos ha'kerax hatsfoni	אוֹקְיָינוֹס הַקֶּרַח הַצְּפוֹנִי (ז)
Mar (m) Negro	hayam haʃaxor	הַיָּם הַשָּׁחוֹר (ז)
Mar (m) Vermelho	yam suf	יַם סוּף (ז)
Mar (m) Amarelo	hayam hatsahov	הַיָּם הַצָּהֹב (ז)
Mar (m) Branco	hayam halavan	הַיָּם הַלָּבָן (ז)
Mar (m) Cáspio	hayam ha'kaspi	הַיָּם הַכַּסְפִּי (ז)
Mar (m) Morto	yam ha'melax	יַם הַמֶּלַח (ז)
Mar (m) Mediterrâneo	hayam hatixon	הַיָּם הַתִּיכוֹן (ז)
Mar (m) Egeu	hayam ha'e'ge'i	הַיָּם הָאֲגָאִי (ז)
Mar (m) Adriático	hayam ha'adri'yati	הַיָּם הָאַדְרִיָאתִי (ז)
Mar (m) Arábico	hayam ha'aravi	הַיָּם הָעֲרָבִי (ז)
Mar (m) do Japão	hayam haya'pani	הַיָּם הַיַּפָּנִי (ז)
Mar (m) de Bering	yam 'bering	יַם בֶּרִינג (ז)
Mar (m) da China Meridional	yam sin hadromi	יַם סִין הַדְּרוֹמִי (ז)
Mar (m) de Coral	yam ha'almogim	יַם הָאַלְמוֹגִים (ז)

Mar (m) de Tasman	yam tasman	יַם טַסְמַן (ז)
Mar (m) do Caribe	hayam haka'ribi	הַיָּם הַקָּרִיבִּי (ז)
Mar (m) de Barents	yam 'barents	יַם בָּרֶנץ (ז)
Mar (m) de Kara	yam 'kara	יַם קָאׁרָה (ז)
Mar (m) do Norte	hayam hatsfoni	הַיָּם הַצְּפוֹנִי (ז)
Mar (m) Báltico	hayam ha'balti	הַיָּם הַבַּלְטִי (ז)
Mar (m) da Noruega	hayam hanor'vegi	הַיָּם הַנּוֹרְבֶּגִי (ז)

79. Montanhas

montanha (f)	har	הַר (ז)
cordilheira (f)	'reẋes harim	רֶכֶס הָרִים (ז)
serra (f)	'reẋes har	רֶכֶס הַר (ז)
cume (m)	pisga	פִּסְגָּה (נ)
pico (m)	pisga	פִּסְגָּה (נ)
sopé (m)	margelot	מַרְגְּלוֹת (נ״ר)
declive (m)	midron	מִדְרוֹן (ז)
vulcão (m)	har 'ga'aʃ	הַר גַּעַשׁ (ז)
vulcão (m) ativo	har 'ga'aʃ pa'il	הַר גַּעַשׁ פָּעִיל (ז)
vulcão (m) extinto	har 'ga'aʃ radum	הַר גַּעַשׁ כָּדוּם (ז)
erupção (f)	hitpartsut	הִתְפָּרְצוּת (נ)
cratera (f)	lo'a	לוֹעַ (ז)
magma (m)	megama	מַגְמָה (נ)
lava (f)	'lava	לָאׁבָה (נ)
fundido (lava ~a)	lohet	לוֹהֵט
desfiladeiro (m)	kanyon	קַנְיוֹן (ז)
garganta (f)	gai	גַּיְא (ז)
fenda (f)	'beka	בֶּקַע (ז)
precipício (m)	tehom	תְּהוֹם (נ)
passo, colo (m)	ma'avar harim	מַעֲבַר הָרִים (ז)
planalto (m)	rama	רָמָה (נ)
falésia (f)	tsuk	צוּק (ז)
colina (f)	giv'a	גִּבְעָה (נ)
glaciar (m)	karẋon	קַרְחוֹן (ז)
queda (f) d'água	mapal 'mayim	מַפַּל מַיִם (ז)
géiser (m)	'geizer	גֵּייְזֶר (ז)
lago (m)	agam	אֲגַם (ז)
planície (f)	miʃor	מִישׁוֹר (ז)
paisagem (f)	nof	נוֹף (ז)
eco (m)	hed	הֵד (ז)
alpinista (m)	metapes harim	מְטַפֵּס הָרִים (ז)
escalador (m)	metapes sla'im	מְטַפֵּס סְלָעִים (ז)
conquistar (vt)	liẋboʃ	לִכְבּוֹשׁ
subida, escalada (f)	tipus	טִיפּוּס (ז)

80. Nomes de montanhas

Português	Transliteração	Hebraico
Alpes (m pl)	harei ha''alpim	הָרֵי הָאָלְפִּים (ז״ר)
monte Branco (m)	mon blan	מוֹן בְּלָאן (ז)
Pirineus (m pl)	pire'ne'im	פִּירֶנָאִים (ז״ר)
Cárpatos (m pl)	kar'patim	קַרְפָּטִים (ז״ר)
montes (m pl) Urais	harei ural	הָרֵי אוּרָל (ז״ר)
Cáucaso (m)	harei hakavkaz	הָרֵי הַקַּווְקָז (ז״ר)
Elbrus (m)	elbrus	אֶלְבְּרוּס (ז)
Altai (m)	harei altai	הָרֵי אַלְטַאי (ז״ר)
Tian Shan (m)	tyan ʃan	טִיאָן שָאן (ז)
Pamir (m)	harei pamir	הָרֵי פָּאמִיר (ז״ר)
Himalaias (m pl)	harei hehima'laya	הָרֵי הַהִימָלָאיָה (ז״ר)
monte (m) Everest	everest	אֶווֶרֶסְט (ז)
Cordilheira (f) dos Andes	harei ha''andim	הָרֵי הָאַנְדִים (ז״ר)
Kilimanjaro (m)	kiliman'dʒaro	קִילִימַנְגְ'רוֹ (ז)

81. Rios

Português	Transliteração	Hebraico
rio (m)	nahar	נָהָר (ז)
fonte, nascente (f)	ma'ayan	מַעֲיָין (ז)
leito (m) do rio	afik	אָפִיק (ז)
bacia (f)	agan nahar	אַגַּן נָהָר (ז)
desaguar no ...	lehiʃapeχ	לְהִישָפֵּךְ
afluente (m)	yuval	יוּבָל (ז)
margem (do rio)	χof	חוֹף (ז)
corrente (f)	'zerem	זֶרֶם (ז)
rio abaixo	bemorad hanahar	בְּמוֹרַד הַנָּהָר
rio acima	bema'ale hanahar	בְּמַעֲלֵה הַזֶּרֶם
inundação (f)	hatsafa	הַצָּפָה (נ)
cheia (f)	ʃitafon	שִיטָפוֹן (ז)
transbordar (vi)	la'alot al gdotav	לַעֲלוֹת עַל גְדוֹתָיו
inundar (vt)	lehatsif	לְהָצִיף
banco (m) de areia	sirton	שִרְטוֹן (ז)
rápidos (m pl)	'eʃed	אֶשֶד (ז)
barragem (f)	'seχer	סֶכֶר (ז)
canal (m)	te'ala	תְעָלָה (נ)
reservatório (m) de água	ma'agar 'mayim	מַאֲגַר מַיִם (ז)
eclusa (f)	ta 'ʃayit	תָא שַיִט (ז)
corpo (m) de água	ma'agar 'mayim	מַאֲגַר מַיִם (ז)
pântano (m)	bitsa	בִּיצָה (נ)
tremedal (m)	bitsa	בִּיצָה (נ)
remoinho (m)	me'ar'bolet	מְעַרְבּוֹלֶת (נ)
arroio, regato (m)	'naχal	נַחַל (ז)

| potável | ʃel ʃtiya | שֶׁל שְׁתִיָּה |
| doce (água) | metukim | מְתוּקִים |

| gelo (m) | 'keraχ | קֶרַח (ז) |
| congelar-se (vr) | likpo | לִקְפּוֹא |

82. Nomes de rios

| rio Sena (m) | hasen | הַסֵּן (ז) |
| rio Loire (m) | lu'ar | לוּאָר (ז) |

rio Tamisa (m)	'temza	תֶּמְזָה (ז)
rio Reno (m)	hrain	הַרַיין (ז)
rio Danúbio (m)	da'nuba	דָּנוּבָּה (ז)

rio Volga (m)	'volga	ווֹלְגָּה (ז)
rio Don (m)	nahar don	נְהַר דּוֹן (ז)
rio Lena (m)	'lena	לֶנָה (ז)

rio Amarelo (m)	hvang ho	הוַואנג הוֹ (ז)
rio Yangtzé (m)	yangʦe	יַאנְגְצֶה (ז)
rio Mekong (m)	mekong	מֶקוֹנג (ז)
rio Ganges (m)	'ganges	גַּנְגֶּס (ז)

rio Nilo (m)	'nilus	נִילוּס (ז)
rio Congo (m)	'kongo	קוֹנגוֹ (ז)
rio Cubango (m)	ok'vango	אוֹקְבַָּנגוֹ (ז)
rio Zambeze (m)	zam'bezi	זַמְבֵּזִי (ז)
rio Limpopo (m)	limpopo	לִימְפּוֹפּוֹ (ז)
rio Mississípi (m)	misi'sipi	מִיסִיסִיפִּי (ז)

83. Floresta

| floresta (f), bosque (m) | 'ya'ar | יַעַר (ז) |
| florestal | ʃel 'ya‘ar | שֶׁל יַעַר |

mata (f) cerrada	avi ha'ya‘ar	עֲבִי הַיַּעַר (ז)
arvoredo (m)	χurʃa	חוּרְשָׁה (נ)
clareira (f)	ka'raχat 'ya‘ar	קָרַחַת יַעַר (נ)

| matagal (m) | svaχ | סְבַךְ (ז) |
| mato (m) | 'siaχ | שִׂיחַ (ז) |

| vereda (f) | ʃvil | שְׁבִיל (ז) |
| ravina (f) | 'emek ʦar | עֵמֶק צַר (ז) |

árvore (f)	eʦ	עֵץ (ז)
folha (f)	ale	עָלֶה (ז)
folhagem (f)	alva	עַלְוָה (נ)

| queda (f) das folhas | ʃa'leχet | שַׁלֶּכֶת (נ) |
| cair (vi) | linʃor | לִנְשׁוֹר |

topo (m)	tsa'meret	צַמֶּרֶת (נ)
ramo (m)	anaf	עָנָף (ז)
galho (m)	anaf ave	עָנָף עָבֶה (ז)
botão, rebento (m)	nitsan	נִיצָן (ז)
agulha (f)	'maxat	מַחַט (נ)
pinha (f)	itstrubal	אִצְטְרוּבָּל (ז)

buraco (m) de árvore	xor ba'ets	חוֹר בָּעֵץ (ז)
ninho (m)	ken	קֵן (ז)
toca (f)	mexila	מְחִילָה (נ)

tronco (m)	'geza	גֶּזַע (ז)
raiz (f)	'joref	שׁוֹרֶשׁ (ז)
casca (f) de árvore	klipa	קְלִיפָּה (נ)
musgo (m)	taxav	טַחַב (ז)

arrancar pela raiz	la'akor	לַעֲקוֹר
cortar (vt)	lixrot	לִכְרוֹת
desflorestar (vt)	levare	לְבָעֵר
toco, cepo (m)	'gedem	גֶּדֶם (ז)

fogueira (f)	medura	מְדוּרָה (נ)
incêndio (m) florestal	srefa	שְׂרֵיפָה (נ)
apagar (vt)	lexabot	לְכַבּוֹת

guarda-florestal (m)	jomer 'ya'ar	שׁוֹמֵר יַעַר (ז)
proteção (f)	jmira	שְׁמִירָה (נ)
proteger (a natureza)	lijmor	לִשְׁמוֹר
caçador (m) furtivo	tsayad lelo rejut	צַיָּיד לְלֹא רְשׁוּת (ז)
armadilha (f)	mal'kodet	מַלְכּוֹדֶת (נ)

| colher (cogumelos, bagas) | lelaket | לְלַקֵּט |
| perder-se (vr) | lit'ot | לִתְעוֹת |

84. Recursos naturais

recursos (m pl) naturais	otsarot 'teva	אוֹצָרוֹת טֶבַע (ז"ר)
minerais (m pl)	mine'ralim	מִינֵרָלִים (ז"ר)
depósitos (m pl)	mirbats	מִרְבָּץ (ז)
jazida (f)	mirbats	מִרְבָּץ (ז)

extrair (vt)	lixrot	לִכְרוֹת
extração (f)	kriya	כְּרִיָּה (נ)
minério (m)	afra	עַפְרָה (נ)
mina (f)	mixre	מִכְרֶה (ז)
poço (m) de mina	pir	פִּיר (ז)
mineiro (m)	kore	כּוֹרֶה (ז)

| gás (m) | gaz | גָּז (ז) |
| gasoduto (m) | tsinor gaz | צִינּוֹר גָּז (ז) |

petróleo (m)	neft	נֵפְט (ז)
oleoduto (m)	tsinor neft	צִינּוֹר נֵפְט (ז)
poço (m) de petróleo	be'er neft	בְּאֵר נֵפְט (נ)

torre (f) petrolífera	migdal ki'duax	מִגְדַּל קִידּוּחַ (ז)
petroleiro (m)	mexalit	מֵיכָלִית (נ)
areia (f)	xol	חוֹל (ז)
calcário (m)	'even gir	אֶבֶן גִּיר (נ)
cascalho (m)	xatsats	חָצָץ (ז)
turfa (f)	kavul	כָּבוּל (ז)
argila (f)	tit	טִיט (ז)
carvão (m)	pexam	פֶּחָם (ז)
ferro (m)	barzel	בַּרְזֶל (ז)
ouro (m)	zahav	זָהָב (ז)
prata (f)	'kesef	כֶּסֶף (ז)
níquel (m)	'nikel	נִיקֶל (ז)
cobre (m)	ne'xoʃet	נְחוֹשֶׁת (נ)
zinco (m)	avats	אָבָץ (ז)
manganês (m)	mangan	מַנְגָּן (ז)
mercúrio (m)	kaspit	כַּסְפִּית (נ)
chumbo (m)	o'feret	עוֹפֶרֶת (נ)
mineral (m)	mineral	מִינֶרָל (ז)
cristal (m)	gaviʃ	גָּבִישׁ (ז)
mármore (m)	'ʃayiʃ	שַׁיִשׁ (ז)
urânio (m)	u'ranyum	אוּרָנִיוּם (ז)

85. Tempo

tempo (m)	'mezeg avir	מֶזֶג אֲוֵויר (ז)
previsão (f) do tempo	taxazit 'mezeg ha'avir	תַּחֲזִית מֶזֶג הָאֲוֵויר (נ)
temperatura (f)	tempera'tura	טֶמְפֶּרָטוּרָה (נ)
termómetro (m)	madxom	מַדְחוֹם (ז)
barómetro (m)	ba'rometer	בָּרוֹמֶטֶר (ז)
húmido	lax	לַח
humidade (f)	laxut	לַחוּת (נ)
calor (m)	xom	חוֹם (ז)
cálido	xam	חַם
está muito calor	xam	חַם
está calor	xamim	חָמִים
quente	xamim	חָמִים
está frio	kar	קַר
frio	kar	קַר
sol (m)	'ʃemeʃ	שֶׁמֶשׁ (נ)
brilhar (vi)	lizhor	לִזְהוֹר
de sol, ensolarado	ʃimʃi	שִׁמְשִׁי
nascer (vi)	liz'roax	לִזְרוֹחַ
pôr-se (vr)	liʃ'ko'a	לִשְׁקוֹעַ
nuvem (f)	anan	עָנָן (ז)
nublado	me'unan	מְעוּנָן

nuvem (f) preta	av	עָב (ז)
escuro, cinzento	sagriri	סַגְרִירִי
chuva (f)	'geʃem	גֶּשֶׁם (ז)
está a chover	yored 'geʃem	יוֹרֵד גֶּשֶׁם
chuvoso	gaʃum	גָּשׁוּם
chuviscar (vi)	letaftef	לְטַפְטֵף
chuva (f) torrencial	matar	מָטָר (ז)
chuvada (f)	mabul	מַבּוּל (ז)
forte (chuva)	χazak	חָזָק
poça (f)	ʃlulit	שְׁלוּלִית (נ)
molhar-se (vr)	lehitratev	לְהִתְרַטֵּב
nevoeiro (m)	arapel	עֲרָפֶל (ז)
de nevoeiro	me'urpal	מְעוּרְפָּל
neve (f)	'ʃeleg	שֶׁלֶג (ז)
está a nevar	yored 'ʃeleg	יוֹרֵד שֶׁלֶג

86. Tempo extremo. Catástrofes naturais

trovoada (f)	sufat re'amim	סוּפַת רְעָמִים (נ)
relâmpago (m)	barak	בָּרָק (ז)
relampejar (vi)	livhok	לִבְהוֹק
trovão (m)	'ra'am	רַעַם (ז)
trovejar (vi)	lir'om	לִרְעוֹם
está a trovejar	lir'om	לִרְעוֹם
granizo (m)	barad	בָּרָד (ז)
está a cair granizo	yored barad	יוֹרֵד בָּרָד
inundar (vt)	lehatsif	לְהָצִיף
inundação (f)	ʃitafon	שִׁיטָפוֹן (ז)
terremoto (m)	re'idat adama	רְעִידַת אֲדָמָה (נ)
abalo, tremor (m)	re'ida	רְעִידָה (נ)
epicentro (m)	moked	מוֹקֵד (ז)
erupção (f)	hitpartsut	הִתְפָּרְצוּת (נ)
lava (f)	'lava	לָאבָה (נ)
turbilhão (m)	hurikan	הוֹרִיקָן (ז)
tornado (m)	tor'nado	טוֹרְנָדוֹ (ז)
tufão (m)	taifun	טַייפוּן (ז)
furacão (m)	hurikan	הוֹרִיקָן (ז)
tempestade (f)	sufa	סוּפָה (נ)
tsunami (m)	tsu'nami	צוּנָאמִי (ז)
ciclone (m)	tsiklon	צִיקְלוֹן (ז)
mau tempo (m)	sagrir	סַגְרִיר (ז)
incêndio (m)	srefa	שְׂרֵיפָה (נ)
catástrofe (f)	ason	אָסוֹן (ז)

meteorito (m)	mete'orit	מֶטְאוֹרִיט (ז)
avalanche (f)	ma'polet ʃlagim	מַפֹּלֶת שְׁלָגִים (נ)
deslizamento (m) de neve	ma'polet ʃlagim	מַפֹּלֶת שְׁלָגִים (נ)
nevasca (f)	sufat ʃlagim	סוּפַת שְׁלָגִים (נ)
tempestade (f) de neve	sufat ʃlagim	סוּפַת שְׁלָגִים (נ)

FAUNA

87. Mamíferos. Predadores

predador (m)	χayat 'teref	חַיַּת טֶרֶף (נ)
tigre (m)	'tigris	טִיגְרִיס (ז)
leão (m)	arye	אַרְיֵה (ז)
lobo (m)	ze'ev	זְאֵב (ז)
raposa (f)	ʃu'al	שׁוּעָל (ז)

jaguar (m)	yagu'ar	יָגוּאָר (ז)
leopardo (m)	namer	נָמֵר (ז)
chita (f)	bardelas	בַּרְדְּלָס (ז)

pantera (f)	panter	פַּנְתֵּר (ז)
puma (m)	'puma	פּוּמָה (נ)
leopardo-das-neves (m)	namer 'ʃeleg	נָמֵר שֶׁלֶג (ז)
lince (m)	ʃunar	שׁוּנָר (ז)

coiote (m)	ze'ev ha'aravot	זְאֵב הָעֲרָבוֹת (ז)
chacal (m)	tan	תַּן (ז)
hiena (f)	tsa'vo'a	צָבוֹעַ (ז)

88. Animais selvagens

| animal (m) | 'ba'al χayim | בַּעַל חַיִּים (ז) |
| besta (f) | χaya | חַיָּה (נ) |

esquilo (m)	sna'i	סְנָאִי (ז)
ouriço (m)	kipod	קִיפּוֹד (ז)
lebre (f)	arnav	אַרְנָב (ז)
coelho (m)	ʃafan	שָׁפָן (ז)

texugo (m)	girit	גִּירִית (נ)
guaxinim (m)	dvivon	דְּבִיבוֹן (ז)
hamster (m)	oger	אוֹגֵר (ז)
marmota (f)	mar'mita	מַרְמִיטָה (נ)

toupeira (f)	χafar'peret	חֲפַרְפֶּרֶת (נ)
rato (m)	aχbar	עַכְבָּר (ז)
ratazana (f)	χulda	חוּלְדָּה (נ)
morcego (m)	atalef	עֲטַלֵּף (ז)

arminho (m)	hermin	קַרְמִין (ז)
zibelina (f)	tsobel	צוֹבֶּל (ז)
marta (f)	dalak	דָּלָק (ז)
doninha (f)	χamus	חָמוֹס (ז)
vison (m)	χorfan	חוֹרְפָן (ז)

castor (m)	bone	בּוֹנֶה (ז)
lontra (f)	lutra	לוּטְרָה (נ)
cavalo (m)	sus	סוּס (ז)
alce (m)	ayal hakore	אַיָּל הַקּוֹרֵא (ז)
veado (m)	ayal	אַיָּל (ז)
camelo (m)	gamal	גָּמָל (ז)
bisão (m)	bizon	בִּיזוֹן (ז)
auroque (m)	bizon ei'ropi	בִּיזוֹן אֵירוֹפִּי (ז)
búfalo (m)	te'o	תְּאוֹ (ז)
zebra (f)	'zebra	זֶבְּרָה (נ)
antílope (m)	anti'lopa	אַנְטִילוֹפָּה (ז)
corça (f)	ayal hakarmel	אַיָּל הַכַּרְמֶל (ז)
gamo (m)	yaχmur	יַחְמוּר (ז)
camurça (f)	ya'el	יָעֵל (ז)
javali (m)	χazir bar	חֲזִיר בָּר (ז)
baleia (f)	livyatan	לִוְיָתָן (ז)
foca (f)	'kelev yam	כֶּלֶב יָם (ז)
morsa (f)	sus yam	סוּס יָם (ז)
urso-marinho (m)	dov yam	דֹּב יָם (ז)
golfinho (m)	dolfin	דּוֹלְפִין (ז)
urso (m)	dov	דֹּב (ז)
urso (m) branco	dov 'kotev	דֹּב קוֹטֶב (ז)
panda (m)	'panda	פַּנְדָּה (נ)
macaco (em geral)	kof	קוֹף (ז)
chimpanzé (m)	ʃimpanze	שִׁימְפַּנְזֶה (נ)
orangotango (m)	orang utan	אוֹרַנְג-אוּטָן (ז)
gorila (m)	go'rila	גּוֹרִילָה (נ)
macaco (m)	makak	מָקָק (ז)
gibão (m)	gibon	גִּיבּוֹן (ז)
elefante (m)	pil	פִּיל (ז)
rinoceronte (m)	karnaf	קַרְנַף (ז)
girafa (f)	dʒi'rafa	גִּ׳ירָפָה (נ)
hipopótamo (m)	hipopotam	הִיפּוֹפּוֹטָם (ז)
canguru (m)	'kenguru	קֶנְגּוּרוּ (ז)
coala (m)	ko''ala	קוֹאָלָה (ז)
mangusto (m)	nemiya	נְמִיָּה (נ)
chinchila (m)	tʃin'tʃila	צִ׳ינְצִ׳ילָה (נ)
doninha-fedorenta (f)	bo'eʃ	בּוֹאֵשׁ (ז)
porco-espinho (m)	darban	דַּרְבָּן (ז)

89. Animais domésticos

gata (f)	χatula	חֲתוּלָה (נ)
gato (m) macho	χatul	חָתוּל (ז)
cão (m)	'kelev	כֶּלֶב (ז)

cavalo (m)	sus	סוּס (ז)
garanhão (m)	sus harba'a	סוּס הַרְבָּעָה (ז)
égua (f)	susa	סוּסָה (נ)
vaca (f)	para	פָּרָה (נ)
touro (m)	ʃor	שׁוֹר (ז)
boi (m)	ʃor	שׁוֹר (ז)
ovelha (f)	kivsa	כִּבְשָׂה (נ)
carneiro (m)	'ayil	אַיִל (ז)
cabra (f)	ez	עֵז (נ)
bode (m)	'tayiʃ	תַּיִשׁ (ז)
burro (m)	χamor	חֲמוֹר (ז)
mula (f)	'pered	פֶּרֶד (ז)
porco (m)	χazir	חֲזִיר (ז)
leitão (m)	χazarzir	חֲזַרְזִיר (ז)
coelho (m)	arnav	אַרְנָב (ז)
galinha (f)	tarne'golet	תַּרְנְגֹלֶת (נ)
galo (m)	tarnegol	תַּרְנְגֹל (ז)
pata (f)	barvaz	בַּרְוָז (ז)
pato (macho)	barvaz	בַּרְוָז (ז)
ganso (m)	avaz	אַוָּז (ז)
peru (m)	tarnegol 'hodu	תַּרְנְגֹל הֹדוּ (ז)
perua (f)	tarne'golet 'hodu	תַּרְנְגֹלֶת הֹדוּ (נ)
animais (m pl) domésticos	χayot 'bayit	חַיּוֹת בַּיִת (נ"ר)
domesticado	mevuyat	מְבוּיָת
domesticar (vt)	levayet	לְבַיֵּת
criar (vt)	lehar'bi'a	לְהַרְבִּיעַ
quinta (f)	χava	חַוָּה (נ)
aves (f pl) domésticas	ofot 'bayit	עוֹפוֹת בַּיִת (נ"ר)
gado (m)	bakar	בָּקָר (ז)
rebanho (m), manada (f)	'eder	עֵדֶר (ז)
estábulo (m)	urva	אוּרְוָה (נ)
pocilga (f)	dir χazirim	דִּיר חֲזִירִים (ז)
estábulo (m)	'refet	רֶפֶת (נ)
coelheira (f)	arnaviya	אַרְנָבִיָּה (נ)
galinheiro (m)	lul	לוּל (ז)

90. Pássaros

pássaro (m), ave (f)	tsipor	צִיפּוֹר (נ)
pombo (m)	yona	יוֹנָה (נ)
pardal (m)	dror	דְּרוֹר (ז)
chapim-real (m)	yargazi	יַרְגָּזִי (ז)
pega-rabuda (f)	orev neχalim	עוֹרֵב נְחָלִים (ז)
corvo (m)	orev ʃaχor	עוֹרֵב שָׁחוֹר (ז)

gralha (f) cinzenta	orev afor	עוֹרֵב אָפוֹר (ז)
gralha-de-nuca-cinzenta (f)	ka'ak	קָאָק (ז)
gralha-calva (f)	orev hamizra	עוֹרֵב הַמִזְרָע (ז)
pato (m)	barvaz	בַּרְוָז (ז)
ganso (m)	avaz	אַוָּז (ז)
faisão (m)	pasyon	פַסְיוֹן (ז)
águia (f)	'ayit	עַיִט (ז)
açor (m)	nets	נֵץ (ז)
falcão (m)	baz	בַּז (ז)
abutre (m)	ozniya	עוֹזְנִיָּה (ז)
condor (m)	kondor	קוֹנְדוֹר (ז)
cisne (m)	barbur	בַּרְבּוּר (ז)
grou (m)	agur	עָגוּר (ז)
cegonha (f)	χasida	חֲסִידָה (נ)
papagaio (m)	'tuki	תוּכִּי (ז)
beija-flor (m)	ko'libri	קוֹלִיבְּרִי (ז)
pavão (m)	tavas	טַוָּס (ז)
avestruz (m)	bat ya'ana	בַּת יַעֲנָה (נ)
garça (f)	anafa	אֲנָפָה (נ)
flamingo (m)	fla'mingo	פְלָמִינגוֹ (ז)
pelicano (m)	saknai	שַׂקְנַאי (ז)
rouxinol (m)	zamir	זָמִיר (ז)
andorinha (f)	snunit	סְנוּנִית (נ)
tordo-zornal (m)	kiχli	קִיכְלִי (ז)
tordo-músico (m)	kiχli mezamer	קִיכְלִי מְזַמֵּר (ז)
melro-preto (m)	kiχli ʃaχor	קִיכְלִי שָׁחוֹר (ז)
andorinhão (m)	sis	סִיס (ז)
cotovia (f)	efroni	עֶפְרוֹנִי (ז)
codorna (f)	slav	שְׂלָיו (ז)
pica-pau (m)	'neker	נָקָר (ז)
cuco (m)	kukiya	קוּקִיָה (נ)
coruja (f)	yanʃuf	יַנְשׁוּף (ז)
corujão, bufo (m)	'oaχ	אוֹחַ (ז)
tetraz-grande (m)	seχvi 'ya'ar	שְׂכְווִי יַעַר (ז)
tetraz-lira (m)	seχvi	שְׂכְווִי (ז)
perdiz-cinzenta (f)	χogla	חוֹגְלָה (נ)
estorninho (m)	zarzir	זַרְזִיר (ז)
canário (m)	ka'narit	קָנָרִית (נ)
galinha-do-mato (f)	seχvi haya'arot	שְׂכְווִי הַיְעָרוֹת (ז)
tentilhão (m)	paroʃ	פָּרוּשׁ (ז)
dom-fafe (m)	admonit	אַדְמוֹנִית (נ)
gaivota (f)	'ʃaχaf	שַׁחַף (ז)
albatroz (m)	albatros	אַלְבַּטְרוֹס (ז)
pinguim (m)	pingvin	פִּינְגְּווִין (ז)

91. Peixes. Animais marinhos

brema (f)	avroma	אַבְרוֹמָה (נ)
carpa (f)	karpiyon	קַרְפִּיוֹן (ז)
perca (f)	'okunus	אוֹקוּנוּס (ז)
siluro (m)	sfamnun	שְׂפַמְנוּן (ז)
lúcio (m)	ze'ev 'mayim	זְאֵב מַיִם (ז)
salmão (m)	'salmon	סַלְמוֹן (ז)
esturjão (m)	χidkan	חִדְקָן (ז)
arenque (m)	ma'liaχ	מָלִיחַ (ז)
salmão (m)	iltit	אִילְתִּית (נ)
cavala, sarda (f)	makarel	מָקָרֶל (ז)
solha (f)	dag moʃe ra'benu	דַג מֹשֶׁה רַבֵּנוּ (ז)
lúcio perca (m)	amnun	אַמְנוּן (ז)
bacalhau (m)	ʃibut	שִׁיבּוּט (ז)
atum (m)	'tuna	טוּנָה (נ)
truta (f)	forel	פוֹרֶל (ז)
enguia (f)	tslofaχ	צְלוֹפַח (ז)
raia elétrica (f)	trisanit	תְּרִיסָנִית (נ)
moreia (f)	mo'rena	מוֹרֶנָה (נ)
piranha (f)	pi'ranya	פִּירַנְיָה (נ)
tubarão (m)	kariʃ	כָּרִישׁ (ז)
golfinho (m)	dolfin	דוֹלְפִין (ז)
baleia (f)	livyatan	לִוְיָתָן (ז)
caranguejo (m)	sartan	סַרְטָן (ז)
medusa, alforreca (f)	me'duza	מֶדוּזָה (נ)
polvo (m)	tamnun	תַּמְנוּן (ז)
estrela-do-mar (f)	koχav yam	כּוֹכַב יָם (ז)
ouriço-do-mar (m)	kipod yam	קִיפוֹד יָם (ז)
cavalo-marinho (m)	suson yam	סוּסוֹן יָם (ז)
ostra (f)	tsidpa	צִדְפָּה (נ)
camarão (m)	χasilon	חֲסִילוֹן (ז)
lavagante (m)	'lobster	לוֹבְּסְטֶר (ז)
lagosta (f)	'lobster kotsani	לוֹבְּסְטֶר קוֹצָנִי (ז)

92. Amfíbios. Répteis

serpente, cobra (f)	naχaʃ	נָחָשׁ (ז)
venenoso	arsi	אַרְסִי
víbora (f)	'tsefa	צֶפַע (ז)
cobra-capelo, naja (f)	'peten	פֶּתֶן (ז)
pitão (m)	piton	פִּיתוֹן (ז)
jiboia (f)	χanak	חֲנָק (ז)
cobra-de-água (f)	naχaʃ 'mayim	נָחָשׁ מַיִם (ז)

cascavel (f)	ʃfifon	שְׁפִיפוֹן (ז)
anaconda (f)	ana'konda	אֲנָקוֹנְדָה (נ)
lagarto (m)	leta'a	לְטָאָה (נ)
iguana (f)	igu''ana	אִיגוּאָנָה (נ)
varano (m)	'koaχ	כּוֹחַ (ז)
salamandra (f)	sala'mandra	סָלָמַנְדְרָה (נ)
camaleão (m)	zikit	זִיקִית (נ)
escorpião (m)	akrav	עַקְרָב (ז)
tartaruga (f)	tsav	צָב (ז)
rã (f)	tsfar'de'a	צְפַרְדֵּעַ (נ)
sapo (m)	karpada	קַרְפָּדָה (נ)
crocodilo (m)	tanin	תַּנִּין (ז)

93. Insetos

inseto (m)	χarak	חָרָק (ז)
borboleta (f)	parpar	פַּרְפַּר (ז)
formiga (f)	nemala	נְמָלָה (נ)
mosca (f)	zvuv	זְבוּב (ז)
mosquito (m)	yatuʃ	יַתּוּשׁ (ז)
escaravelho (m)	χipuʃit	חִיפּוּשִׁית (נ)
vespa (f)	tsir'a	צִרְעָה (נ)
abelha (f)	dvora	דְּבוֹרָה (נ)
mamangava (f)	dabur	דַּבּוּר (ז)
moscardo (m)	zvuv hasus	זְבוּב הַסּוּס (ז)
aranha (f)	akaviʃ	עַכָּבִישׁ (ז)
teia (f) de aranha	kurei akaviʃ	קוּרֵי עַכָּבִישׁ (ז"ר)
libélula (f)	ʃapirit	שְׁפִירִית (נ)
gafanhoto-do-campo (m)	χagav	חָגָב (ז)
traça (f)	aʃ	עָשׁ (ז)
barata (f)	makak	מַקָּק (ז)
carraça (f)	kartsiya	קַרְצִיָּה (נ)
pulga (f)	par'oʃ	פַּרְעוֹשׁ (ז)
borrachudo (m)	yavχuʃ	יַבְחוּשׁ (ז)
gafanhoto (m)	arbe	אַרְבֶּה (ז)
caracol (m)	χilazon	חִילָזוֹן (ז)
grilo (m)	tsartsar	צְרָצַר (ז)
pirilampo (m)	gaχlilit	גַּחְלִילִית (נ)
joaninha (f)	parat moʃe ra'benu	פָּרַת מֹשֶׁה רַבֵּנוּ (נ)
besouro (m)	χipuʃit aviv	חִיפּוּשִׁית אָבִיב (נ)
sanguessuga (f)	aluka	עֲלוּקָה (נ)
lagarta (f)	zaχal	זַחַל (ז)
minhoca (f)	to'la'at	תּוֹלַעַת (נ)
larva (f)	'deren	דֶּרֶן (ז)

FLORA

94. Árvores

Português	Transliteração	Hebraico
árvore (f)	ets	עֵץ (ז)
decídua	naʃir	נָשִׁיר
conífera	maxtani	מַחְטָנִי
perene	yarok ad	יָרוֹק עַד
macieira (f)	ta'puax	תַּפּוּחַ (ז)
pereira (f)	agas	אַגָּס (ז)
cerejeira (f)	gudgedan	גּוּדְגְּדָן (ז)
ginjeira (f)	duvdevan	דּוּבְדְּבָן (ז)
ameixeira (f)	ʃezif	שְׁזִיף (ז)
bétula (f)	ʃadar	שָׁדָר (ז)
carvalho (m)	alon	אַלּוֹן (ז)
tília (f)	'tilya	טִילְיָה (נ)
choupo-tremedor (m)	aspa	אַסְפָּה (נ)
bordo (m)	'eder	אֶדֶר (ז)
espruce-europeu (m)	a'ʃuax	אַשּׁוּחַ (ז)
pinheiro (m)	'oren	אֹרֶן (ז)
alerce, lariço (m)	arzit	אַרְזִית (נ)
abeto (m)	a'ʃuax	אַשּׁוּחַ (ז)
cedro (m)	'erez	אֶרֶז (ז)
choupo, álamo (m)	tsaftsefa	צַפְצָפָה (נ)
tramazeira (f)	ben xuzrar	בֶּן־חוּזְרָר (ז)
salgueiro (m)	arava	עֲרָבָה (נ)
amieiro (m)	alnus	אַלְנוּס (ז)
faia (f)	aʃur	אָשׁוּר (ז)
ulmeiro (m)	bu'kitsa	בּוּקִיצָה (נ)
freixo (m)	mela	מֵילָה (נ)
castanheiro (m)	armon	עַרְמוֹן (ז)
magnólia (f)	mag'nolya	מַגְנוֹלְיָה (נ)
palmeira (f)	'dekel	דֶּקֶל (ז)
cipreste (m)	broʃ	בְּרוֹשׁ (ז)
mangue (m)	mangrov	מַנְגְרוֹב (ז)
embondeiro, baobá (m)	ba'obab	בָּאוֹבָּב (ז)
eucalipto (m)	eika'liptus	אֵיקָלִיפְטוּס (ז)
sequoia (f)	sek'voya	סָקְווֹיָה (נ)

95. Arbustos

Português	Transliteração	Hebraico
arbusto (m)	'siax	שִׂיחַ (ז)
arbusto (m), moita (f)	'siax	שִׂיחַ (ז)

videira (f)	'gefen	גֶּפֶן (ז)
vinhedo (m)	'kerem	כֶּרֶם (ז)
framboeseira (f)	'petel	פֶּטֶל (ז)
groselheira-preta (f)	'siax dumdemaniyot ʃxorot	שִׂיחַ דּוּמְדְּמָנִיּוֹת שְׁחוֹרוֹת (ז)
groselheira-vermelha (f)	'siax dumdemaniyot adumot	שִׂיחַ דּוּמְדְּמָנִיּוֹת אֲדוּמּוֹת (ז)
groselheira (f) espinhosa	xazarzar	חֲזַרְזַר (ז)
acácia (f)	ʃita	שִׁיטָה (נ)
bérberis (f)	berberis	בֶּרְבֶּרִיס (ז)
jasmim (m)	yasmin	יַסְמִין (ז)
junípero (m)	ar'ar	עַרְעָר (ז)
roseira (f)	'siax vradim	שִׂיחַ וְרָדִים (ז)
roseira (f) brava	'vered bar	וֶרֶד בָּר (ז)

96. Frutos. Bagas

fruta (f)	pri	פְּרִי (ז)
frutas (f pl)	perot	פֵּירוֹת (ז"ר)
maçã (f)	ta'puax	תַּפּוּחַ (ז)
pera (f)	agas	אַגָּס (ז)
ameixa (f)	ʃezif	שְׁזִיף (ז)
morango (m)	tut sade	תּוּת שָׂדֶה (ז)
ginja (f)	duvdevan	דּוּבְדְּבָן (ז)
cereja (f)	gudgedan	גּוּדְגְּדָן (ז)
uva (f)	anavim	עֲנָבִים (ז"ר)
framboesa (f)	'petel	פֶּטֶל (ז)
groselha (f) preta	dumdemanit ʃxora	דּוּמְדְּמָנִית שְׁחוֹרָה (נ)
groselha (f) vermelha	dumdemanit aduma	דּוּמְדְּמָנִית אֲדוּמָּה (נ)
groselha (f) espinhosa	xazarzar	חֲזַרְזַר (ז)
oxicoco (m)	xamutsit	חֲמוּצִית (נ)
laranja (f)	tapuz	תַּפּוּז (ז)
tangerina (f)	klemen'tina	קְלֵמֶנְטִינָה (נ)
ananás (m)	'ananas	אֲנָנָס (ז)
banana (f)	ba'nana	בַּנָנָה (נ)
tâmara (f)	tamar	תָּמָר (ז)
limão (m)	limon	לִימוֹן (ז)
damasco (m)	'miʃmeʃ	מִשְׁמֵשׁ (ז)
pêssego (m)	afarsek	אֲפַרְסֵק (ז)
kiwi (m)	'kivi	קִיוִוי (ז)
toranja (f)	eʃkolit	אֶשְׁכּוֹלִית (נ)
baga (f)	garger	גַּרְגַּר (ז)
bagas (f pl)	gargerim	גַּרְגְּרִים (ז"ר)
arando (m) vermelho	uxmanit aduma	אוּכְמָנִית אֲדוּמָּה (נ)
morango-silvestre (m)	tut 'ya'ar	תּוּת יַעַר (ז)
mirtilo (m)	uxmanit	אוּכְמָנִית (נ)

97. Flores. Plantas

| flor (f) | 'peraχ | פֶּרַח (ז) |
| ramo (m) de flores | zer | זֵר (ז) |

rosa (f)	'vered	וֶרֶד (ז)
tulipa (f)	tsiv'oni	צִבְעוֹנִי (ז)
cravo (m)	tsi'poren	צִיפּוֹרֶן (ז)
gladíolo (m)	glad'yola	גְּלַדְיוֹלָה (נ)

centáurea (f)	dganit	דְּגָנִיָּה (נ)
campânula (f)	pa'amonit	פַּעֲמוֹנִית (נ)
dente-de-leão (m)	ʃinan	שִׁנָּן (ז)
camomila (f)	kamomil	קָמוֹמִיל (ז)

aloé (m)	alvai	אַלְוַי (ז)
cato (m)	'kaktus	קַקְטוּס (ז)
fícus (m)	'fikus	פִיקוּס (ז)

lírio (m)	ʃoʃana	שׁוֹשַׁנָּה (נ)
gerânio (m)	ge'ranyum	גֵּרַנְיוּם (ז)
jacinto (m)	yakinton	יָקִינְטוֹן (ז)

mimosa (f)	mi'moza	מִימוֹזָה (נ)
narciso (m)	narkis	נַרְקִיס (ז)
capuchinha (f)	'kova hanazir	כּוֹבַע הַנָּזִיר (ז)

orquídea (f)	saχlav	סַחְלָב (ז)
peónia (f)	admonit	אַדְמוֹנִית (נ)
violeta (f)	sigalit	סִיגָּלִית (נ)

amor-perfeito (m)	amnon vetamar	אַמְנוֹן וְתָמָר (ז)
não-me-esqueças (m)	ziχ'rini	זִכְרִינִי (ז)
margarida (f)	marganit	מַרְגָּנִית (נ)

papoula (f)	'pereg	פֶּרֶג (ז)
cânhamo (m)	ka'nabis	קָנַאבִּיס (ז)
hortelã (f)	'menta	מֶנְתָה (נ)

| lírio-do-vale (m) | zivanit | זִיוָנִית (נ) |
| campânula-branca (f) | ga'lantus | גָּלַנְטוּס (ז) |

urtiga (f)	sirpad	סִרְפָּד (ז)
azeda (f)	χum'a	חוּמְעָה (נ)
nenúfar (m)	nufar	נוּפָר (ז)
feto (m), samambaia (f)	ʃaraχ	שָׁרָךְ (ז)
líquen (m)	χazazit	חֲזָזִית (נ)

estufa (f)	χamama	חֲמָמָה (נ)
relvado (m)	midʃa'a	מִדְשָׁאָה (נ)
canteiro (m) de flores	arugat praχim	עֲרוּגַת פְּרָחִים (נ)

planta (f)	'tsemaχ	צֶמַח (ז)
erva (f)	'deʃe	דֶּשֶׁא (ז)
folha (f) de erva	giv'ol 'esev	גִּבְעוֹל עֵשֶׂב (ז)

folha (f)	ale	עָלֶה (ז)
pétala (f)	ale ko'teret	עָלֶה כּוֹתֶרֶת (ז)
talo (m)	giv'ol	גִּבְעוֹל (ז)
tubérculo (m)	'pka'at	פְּקַעַת (נ)
broto, rebento (m)	'nevet	נֶבֶט (ז)
espinho (m)	koʦ	קוֹץ (ז)
florescer (vi)	lifroaχ	לִפְרוֹחַ
murchar (vi)	linbol	לִנְבּוֹל
cheiro (m)	'reaχ	רֵיחַ (ז)
cortar (flores)	ligzom	לִגְזוֹם
colher (uma flor)	liktof	לִקְטוֹף

98. Cereais, grãos

grão (m)	tvu'a	תְּבוּאָה (נ)
cereais (plantas)	dganim	דְּגָנִים (ז"ר)
espiga (f)	ʃi'bolet	שִׁיבּוֹלֶת (נ)
trigo (m)	χita	חִיטָה (נ)
centeio (m)	ʃifon	שִׁיפוֹן (ז)
aveia (f)	ʃi'bolet ʃu'al	שִׁיבּוֹלֶת שׁוּעָל (נ)
milho-miúdo (m)	'doχan	דּוֹחַן (ז)
cevada (f)	se'ora	שְׂעוֹרָה (נ)
milho (m)	'tiras	תִּירָס (ז)
arroz (m)	'orez	אוֹרֶז (ז)
trigo-sarraceno (m)	ku'semet	כּוּסֶמֶת (נ)
ervilha (f)	afuna	אֲפוּנָה (נ)
feijão (m)	ʃu'it	שְׁעוּעִית (נ)
soja (f)	'soya	סוֹיָה (נ)
lentilha (f)	adaʃim	עֲדָשִׁים (נ"ר)
fava (f)	pol	פּוֹל (ז)

PAÍSES DO MUNDO

99. Países. Parte 1

Português	Transliteração	Hebraico
Afeganistão (m)	afganistan	אַפְגָּנִיסְטָן (נ)
África do Sul (f)	drom 'afrika	דְּרוֹם אַפְרִיקָה (נ)
Albânia (f)	al'banya	אַלְבַּנְיָה (נ)
Alemanha (f)	ger'manya	גֶּרְמַנְיָה (נ)
Arábia (f) Saudita	arav hasa'udit	עֲרָב הַסָּעוּדִית (נ)
Argentina (f)	argen'tina	אַרְגֶּנְטִינָה (נ)
Arménia (f)	ar'menya	אַרְמֶנְיָה (נ)
Austrália (f)	ost'ralya	אוֹסְטְרַלְיָה (נ)
Áustria (f)	'ostriya	אוֹסְטְרִיָּה (נ)
Azerbaijão (m)	azerbaidʒan	אָזֶרְבַּייגָ'ן (נ)
Bahamas (f pl)	iyey ba'hama	אִיֵּי בָּהָאמָה (ז"ר)
Bangladesh (m)	bangladeʃ	בַּנגלָדֶש (נ)
Bélgica (f)	'belgya	בֶּלְגְיָה (נ)
Bielorrússia (f)	'belarus	בֶּלָרוּס (נ)
Bolívia (f)	bo'livya	בּוֹלִיבְיָה (נ)
Bósnia e Herzegovina (f)	'bosniya	בּוֹסְנְיָה (נ)
Brasil (m)	brazil	בְּרָזִיל (נ)
Bulgária (f)	bul'garya	בּוּלְגָּרְיָה (נ)
Camboja (f)	kam'bodya	קַמְבּוֹדְיָה (נ)
Canadá (m)	'kanada	קָנָדָה (נ)
Cazaquistão (m)	kazaχstan	קָזַחסְטָן (נ)
Chile (m)	'tʃile	צִ'ילֵה (נ)
China (f)	sin	סִין (נ)
Chipre (m)	kafrisin	קַפְרִיסִין (נ)
Colômbia (f)	ko'lombya	קוֹלוֹמבְּיָה (נ)
Coreia do Norte (f)	ko'rei'a hatsfonit	קוֹרֵיאָה הַצְּפוֹנִית (נ)
Coreia do Sul (f)	ko'rei'a hadromit	קוֹרֵיאָה הַדְּרוֹמִית (נ)
Croácia (f)	kro''atya	קְרוֹאָטִיָה (נ)
Cuba (f)	'kuba	קוּבָּה (נ)
Dinamarca (f)	'denemark	דֶּנֶמַרק (נ)
Egito (m)	mits'rayim	מִצְרַיִם (נ)
Emirados Árabes Unidos	iχud ha'emi'royot ha'araviyot	אִיחוּד הָאֶמִירוּיוֹת הָעֲרָבִיּוֹת (ז)
Equador (m)	ekvador	אֶקְוָדוֹר (נ)
Escócia (f)	'skotland	סְקוֹטְלַנד (נ)
Eslováquia (f)	slo'vakya	סְלוֹבָקְיָה (נ)
Eslovénia (f)	slo'venya	סְלוֹבֶנְיָה (נ)
Espanha (f)	sfarad	סְפָרַד (נ)
Estados Unidos da América	artsot habrit	אַרְצוֹת הַבְּרִית (נ"ר)
Estónia (f)	es'tonya	אֶסְטוֹנְיָה (נ)
Finlândia (f)	'finland	פִינְלַנד (נ)
França (f)	tsarfat	צָרְפַת (נ)

100. Países. Parte 2

Português	Transliteração	עברית
Gana (f)	'gana	גָּאנָה (נ)
Geórgia (f)	'gruzya	גרוזיה (נ)
Grã-Bretanha (f)	bri'tanya hagdola	בְּרִיטַנְיָה הַגְּדוֹלָה (נ)
Grécia (f)	yavan	יָוָון (נ)
Haiti (m)	ha''iti	הָאִיטִי (נ)
Hungria (f)	hun'garya	הוּנְגַּרְיָה (נ)
Índia (f)	'hodu	הוֹדוּ (נ)
Indonésia (f)	indo'nezya	אִינְדוֹנֶזְיָה (נ)
Inglaterra (f)	'angliya	אַנְגְּלִיָה (נ)
Irão (m)	iran	אִירָן (נ)
Iraque (m)	irak	עִירָאק (נ)
Irlanda (f)	'irland	אִירלַנד (נ)
Islândia (f)	'island	אִיסלַנד (נ)
Israel (m)	yisra'el	יִשְׂרָאֵל (נ)
Itália (f)	i'talya	אִיטַלְיָה (נ)
Jamaica (f)	dʒa'maika	גָ'מַייקָה (נ)
Japão (m)	yapan	יַפָן (נ)
Jordânia (f)	yarden	יַרְדֵן (נ)
Kuwait (m)	kuveit	כּוּוֵית (נ)
Laos (m)	la'os	לָאוֹס (נ)
Letónia (f)	'latviya	לַטבִיָה (נ)
Líbano (m)	levanon	לְבָנוֹן (נ)
Líbia (f)	luv	לוב (נ)
Liechtenstein (m)	lixtenʃtain	לִיכטֶנשטַיין (נ)
Lituânia (f)	'lita	לִיטָא (נ)
Luxemburgo (m)	luksemburg	לוקסֶמבּוּרג (נ)
Macedónia (f)	make'donya	מָקֶדוֹנְיָה (נ)
Madagáscar (m)	madagaskar	מָדַגַסקַר (ז)
Malásia (f)	ma'lezya	מָלֶזְיָה (נ)
Malta (f)	'malta	מַלטָה (נ)
Marrocos	ma'roko	מָרוֹקוֹ (נ)
México (m)	'meksiko	מָקסִיקוֹ (נ)
Myanmar (m), Birmânia (f)	miyanmar	מִיאַנמַר (נ)
Moldávia (f)	mol'davya	מוֹלדָבְיָה (נ)
Mónaco (m)	mo'nako	מוֹנָקוֹ (נ)
Mongólia (f)	mon'golya	מוֹנגוֹלִיָה (נ)
Montenegro (m)	monte'negro	מוֹנטֶנגֶרוֹ (נ)
Namíbia (f)	na'mibya	נָמִיבְּיָה (נ)
Nepal (m)	nepal	נֶפָּאל (נ)
Noruega (f)	nor'vegya	נוֹרבֶגְיָה (נ)
Nova Zelândia (f)	nyu 'ziland	ניו זִילַנד (נ)

101. Países. Parte 3

Português	Transliteração	עברית
Países (m pl) Baixos	'holand	הוֹלַנד (נ)
Palestina (f)	falastin	פָּלַסטִין (נ)

Panamá (m)	pa'nama	פָּנָמָה (נ)
Paquistão (m)	pakistan	פָּקִיסְטָן (נ)
Paraguai (m)	paragvai	פָּרָגוּוַאי (נ)
Peru (m)	peru	פֶּרוּ (נ)
Polinésia Francesa (f)	poli'nezya hatsarfatit	פּוֹלִינֶזְיָה הַצָּרְפָתִית (נ)

Polónia (f)	polin	פּוֹלִין (נ)
Portugal (m)	portugal	פּוֹרְטוּגָל (נ)
Quénia (f)	'kenya	קֶנְיָה (נ)
Quirguistão (m)	kirgizstan	קִירְגִיזְסְטָן (נ)
República (f) Checa	'tʃeχya	צֶ'כְיָה (נ)
República (f) Dominicana	hare'publika hadomeni'kanit	הָרֶפּוּבְּלִיקָה הַדוֹמִינִיקָנִית (נ)
Roménia (f)	ro'manya	רוֹמַנְיָה (נ)

Rússia (f)	'rusya	רוּסְיָה (נ)
Senegal (m)	senegal	סֶנֶגָל (נ)
Sérvia (f)	'serbya	סֶרְבִּיָה (נ)
Síria (f)	'surya	סוּרְיָה (נ)
Suécia (f)	'ʃvedya	שְׁבֶדְיָה (נ)
Suíça (f)	'ʃvaits	שְׁווַיִץ (נ)
Suriname (m)	surinam	סוּרִינָאם (נ)

Tailândia (f)	'tailand	תָאִילַנְד (נ)
Taiwan (m)	taivan	טַייוַון (נ)
Tajiquistão (m)	tadʒikistan	טַגְ'יקִיסְטָן (נ)
Tanzânia (f)	tan'zanya	טַנְזַנְיָה (נ)
Tasmânia (f)	tas'manya	טַסְמַנְיָה (נ)
Tunísia (f)	tu'nisya	טוּנִיסְיָה (נ)
Turquemenistão (m)	turkmenistan	טוּרְקְמֶנִיסְטָן (נ)

Turquia (f)	'turkiya	טוּרְקִיָה (נ)
Ucrânia (f)	uk'rayna	אוּקְרָאִינָה (נ)
Uruguai (m)	urugvai	אוּרוּגְוַאי (נ)
Uzbequistão (f)	uzbekistan	אוּזְבֶּקִיסְטָן (נ)
Vaticano (m)	vatikan	וָתִיקָן (ז)
Venezuela (f)	venetsu''ela	וֶנֶצוּאֶלָה (נ)
Vietname (m)	vyetnam	וִייֶטְנָאם (נ)
Zanzibar (m)	zanzibar	זָנזִיבָּר (נ)

www.ingramcontent.com/pod-product-compliance
Lightning Source LLC
Chambersburg PA
CBHW071503070426
42452CB00041B/2216